Mariangela Ferreira Busuth

Redação Técnica
Empresarial

Mariangela Ferreira Busuth

Redação Técnica
Empresarial

2ª Edição

Edição original Copyright© 2004 by Mariangela Ferreira Busuth

Todos os direitos desta edição reservados à Oualitymark Editora Ltda.
É proibida a duplicação ou reprodução deste volume, ou parte do mesmo,
sob qualquer meio, sem autorização expressa da Editora.

Direção Editorial SAIDUL RAHMAN MAHOMED editor@qualitymark.com.br	Produção Editorial EQUIPE QUALITYMARK
Capa WILSON COTRIM	Editoração Eletrônica UNIONTASK

1ª Edição: 2004
2ª Edição: 2010

CIP-Brasil. Catalogação-na-fonte
Sindicato Nacional dos Editores de Livros, RJ

B99r
    Busuth, Mariangela Ferreira
    Redação técnica empresarial/Mariangela Ferreira Busuth. – Rio de Janeiro: Qualitymark, 2004.

    Inclui Bibliografia
    ISBN 978-85-7303-856-9

    1. Correspondência comercial. 2. Correspondência oficial. 3. Redação oficial. 4. Redação técnica.

04-1658
                                                    CDD 651.75
                                                    CDU 651.74

2010
IMPRESSO NO BRASIL

Qualitymark Editora Ltda.
Rua Teixeira Júnior, 441 – São Cristóvão
20921-405 – Rio de Janeiro – RJ
Tel.: (0xx21) 3295-9800
ou (0xx21) 3094-8400

Fax: (0XX21) 3295-9824
www.qualitymark.com.br
E-Mail: quality@qualitymark.com.br
QualityPhone: 0800-0263311

Dedicatória

Aos meus pais, Elbo e Benedita
pelo amor e carinho que sempre
me fizeram avançar.

Ao meu marido e companheiro, Evaristo
que, talvez mais do que eu,
acreditou que este livro seria possível.

À minha cunhada, Elizabeth A. T. Orlandi
pela ajuda na revisão e edição do material
que ora é um "livro"!

À Silvana, minha outra cunhada,
pela força.

**Enfim, ao meu querido irmão, Eduardo e
cunhada, Elizabeth**
e meu amado sobrinho Rafael...

REDAÇÃO TÉCNICA EMPRESARIAL

Apresentação

Qual a razão de se elaborar um manual de redação técnica?

Há muitos livros no mercado que tratam da mesma temática que este, porém eu o concebi baseada nas necessidades que, quando secretária, sentia ao procurar informações de redação de textos técnicos e como professora e instrutora de cursos de pouca duração sobre o assunto observava nos participantes e alunos.

Além disso, tentei oferecer, de forma prática e simples, o que meus alunos buscavam e questionavam durante nossas aulas de Redação Técnica no Curso Técnico em Mecânica da Escola Volkswagen e nos Cursos de Tecnologia em Processos de Produção e Informática nas disciplinas de Comunicação Empresarial e Português Instrumental nas Faculdades Integradas IPEP.

Durante os capítulos procurei mostrar o que há de mais recente em termos comunicacionais para empresas e as formas mais atualizadas de se elaborar textos técnicos, desde cartas comerciais até redações oficiais.

Procurei também colocar algumas regras gramaticais básicas para serem pesquisadas em caso de dúvidas durante a elaboração de algum tipo de documento.

Enfim, tentei atender às necessidades de secretárias, gerentes, supervisores e todos aqueles que precisam conhecer um pouco mais de redação técnica com base em conceitos comunicacionais recentes.

Eis aí o livro... Espero que ele possa ser útil a você também e estarei sempre aberta a sugestões e questionamentos.

Mariangela

Prefácio

Escrever é uma arte. Recria o mundo, traduz em palavras as mais ricas sutilezas da alma humana, como também as mais frias cruezas da vida cotidiana e moderna, mas acima de tudo, povoa o nosso universo interior, trazendo à luz, sob a forma de códigos inteligíveis e partilháveis com outros seres pensantes que, evidentemente, pensam palavras, o entendimento de tudo quanto se vê, se experimenta, se vive e se questiona.

Arte maior é saber ensinar. Ensinar a pensar, a escrever, a concatenar idéias estimuladas pelas técnicas, a fazer desta prática e da produção de textos uma grande viagem: dos versos delicados à dissertação plena de questionamentos, à narrativa entusiástica e apaixonada de quem descobre o mundo através das palavras, culminando com o teor mais rigoroso e formal do texto técnico ou científico.

A proposta deste livro, guardada a sua singeleza e praticidade, busca conduzir o leitor nessa viagem, fornecendo-lhe o principal "instrumento de navegação": a técnica de forma fácil, abrangente e atualizada pela experiência didática da autora em sua prática nas escolas, em cursos de redação técnica e na empresa Volkswagen do Brasil.

Elizabeth Orlandi
Redatora Técnica

REDAÇÃO TÉCNICA EMPRESARIAL

Sumário

Introdução 1

Capítulo 1
Conceitos Comunicacionais Básicos 5
   Por que se comunicar bem? 5
   A linguagem do corpo 6
   Como entender e usar gestos 8
   Ouvir é um milagre nos dias de hoje
      e um diferencial para amanhã 8
   Inteprete o diálogo 10
   Como ler com fluência 11
   Como tomar notas 12
   Como fazer contato 13

Capítulo 2
Dicas para Ser Cada Vez Mais Eficiente 19
   Segurança 19
   Organização 19
   Não deixe nada para depois 19
   Entusiasmo 19
   Boa comunicação 20
   Gramática 20
   Criatividade: um forte aliado para o seu
      cotidiano 20
   Expressões estrangeiras 21

Capítulo 3
Segredos da Redação Comercial 29
   Como escrever e convencer 29
   Eficácia na comunicação 29
   O que é um código aberto e
      um fechado 30
   O que é mensagem quente e mensagem fria? . 32
   Como atrair a atenção do leitor 33
   Características do tópico frasal 36
   Problemas comuns na correspondência 36
   Obstáculos à comunicação 42
   Habilidades técnicas que devem ser
      desenvolvidas 43
   Conhecimento do sistema comunicacional 43
   Atitudes comunicacionais 44
   Estabelecimento do objetivo 44

Capítulo 4
Técnicas de Documentos Comerciais.
   Conceitos e modelos 49
   Abaixo-assinado 49
   Acordo 49
   Ata 49
   Atestado 51
   Aviso 51
   Bilhete 52
   Carta 52
   Certificado 53
   "Curriculum Vitae" ou Currículo 53
   Declaração 56
   Memorando 57
   Ordem de serviço 58
   Procuração 58
   Recibo 59

Capítulo 5
Modelos de Documentos Comerciais 63
   Carta de Apresentação de Currículo 63
   Carta Comercial 64
   Ata 65
   Aviso 66
   Certificado 67
   Currículo 68
   Declaração 1 70
   Declaração 2 71
   Memorando 72
   Procuração 73
   Recibo 74

Capítulo 6
Técnicas e Modelos de Redação Oficial
   Princípios de redação oficial 77
      Petição 79
      Ofício 79
      Requerimento 81

Capítulo 7
Esquema de Pesquisa e Relatório 89
   Orientações para o desenvolvimento
     de uma pesquisa 89
   Elementos e apresentação de uma
     pesquisa 92
   Esquema de relatório 96
   Tipos de relatórios 98
      Relatório administrativo 98
      Relatório técnico e científico 99
   Estilos dos relatórios 100
   Como despertar o interesse 101

Capítulo 8
Tópicos Gramaticais Importantes 105
   Revisão Ortográfica 2009 105
   Acentuação 117
   Uso dos porquês 118
   Concordância nominal 119
   Crase 122
   Pontuação 125
   Sintaxe de Regência 132
   Termos Integrantes da Oração 137
   Regência de Alguns Verbos 138

Bibliografia 151

Introdução

O objetivo deste material é oferecer subsídios para que você possa expressar com clareza e objetividade suas mensagens voltadas para a área profissional. Nela, apresentamos técnicas, exemplos e estudos de alguns casos de redação comercial, bem como casos gramaticais que devem ser relembrados para o aprimoramento de sua redação.

Esperamos que este material seja de grande utilidade e que você o tenha em mãos em todos os momentos em que a redação se fizer necessária.

O conteúdo aqui apresentado será tratado a partir de situações comunicacionais, as quais o levará, em alguns momentos, a exercitar a sua elaboração de textos, bem como a efetuar correções, numa atitude reflexiva e crítica, além do domínio das técnicas de elaboração de vários tipos de correspondência.

Lembre-se de que: para atingir uma comunicação (oral/escrita) eficiente não é só a técnica que fará a diferença, mas sim sua capacidade comunicativa e, acima de tudo, **leitura constante e entendimento do que se leu**.

Vamos começar???

Profª Mariangela

REDAÇÃO TÉCNICA EMPRESARIAL

Capítulo 1

Capítulo 1: Conceitos Comunicacionais Básicos

Conceitos Comunicacionais Básicos

Quando se fala em comunicação, não queremos somente nos referir à comunicação oral ou escrita, mas também à visual, à auditiva, à gestual; enfim tudo o que nos leva a adquirir alguma referência importante sobre o meio no qual nos inserimos.

Por que se Comunicar Bem?

Para nos comunicarmos bem, temos de melhorar todos os tipos de comunicação. Ela não só é importante para nossa vida pessoal ao estabelecermos contato com pessoas próximas, mas principal e fundamentalmente na vida profissional, uma vez que precisamos trabalhar para sobreviver e, acima de tudo, nos sentirmos úteis e sermos reconhecidos pelo papel social que executamos.

A seguir, temos as três regras de clareza na comunicação:

- tenha bem claro, mentalmente, o que você pretende comunicar;
- seja breve e direto ao transmitir sua mensagem;
- verifique se a mesma foi entendida pelo receptor.

Vale lembrar que existem várias formas de nos comunicarmos e o quadro a seguir procura sintetizar, de maneira objetiva e visual, as mesmas:

TIPOS DE COMUNICAÇÃO	EXEMPLOS	UTILIDADE
PALAVRA ESCRITA	Cartas, memorandos, relatórios, propostas, notas, contratos, programas, regulamentos, planos, pautas e atas de reuniões, avisos.	Sendo a base de toda a organização, a palavra escrita assegura que todos tenham acesso à mesma, além de garantir um registro de informações.
PALAVRA FALADA	Conversas, entrevistas, reuniões, chamadas telefônicas, interrogatórios, debates, pedidos, anúncios, discursos.	Tal tipo de comunicação enfatiza o imediato e é por esse meio que flui a maioria das informações de uma organização.
GESTOS SIMBÓLICOS	Gestos, expressões faciais, tom de voz, ações, silêncio, postura, pose, movimento, imobilidade, presença ou ausência.	A linguagem do corpo hoje em dia é um grande fator de sucesso comunicacional e tem muito a dizer de forma profunda e inconsciente, podendo ser instrumento de persuasão e manipulação.
IMAGENS	Fotografias (impressas e slides), pinturas, desenhos, ilustrações, gráficos, tabelas, vídeos, logotipos, filmes, esquemas coloridos.	Recursos visuais podem transmitir mais informações que a palavra escrita e devem ser explorados de forma equilibrada e consciente.
MULTIMÍDIA	Folhetos, panfletos, jornais, televisão, livretos, pôsteres, internet, intranet, *world wide web*, vídeo, rádio, fitas cassete, CD-ROM'S.	Tais recursos proporcionam maior interatividade e podem se tornar um meio eficiente de comunicação além de bons resultados para a organização.

A Linguagem do Corpo

A linguagem de seu corpo – uma enorme variedade de movimentos inconscientes – pode fortalecer ou prejudicar a comunicação. Mesmo você passa mensagens fortes sobre seus sentimentos através de seus gestos, seu corpo e seus olhos.

Devido à sua sutileza e variedade, a linguagem corporal é difícil de ser controlada e fácil de ser lida. Entretanto, o conhecimento dela é o caminho para entender a opinião verdadeira dos outros e o que você transmite a eles.

Atitudes suas que você julga passarem despercebidas pelos outros são claramente notadas. Portanto, procure controlar-se nos momentos de insatisfação e nervosismo:

- sorriso é algo que deve fazer parte da vida de todos, principalmente de quem trabalha com o público;

- olhar nos olhos das pessoas transmite segurança e confiabilidade, além de ser educado e indispensável;

- uma postura confortável, sem ser relaxada, é fundamental para a sua saúde (alivia tensões) e para criar um clima de empatia com os outros;

- manter uma distância aceitável entre as pessoas é uma das regras da linguagem do corpo. Essa distância varia de acordo com a satisfação (social e não-social) de cada um; mas, na maioria das vezes, aproximar-se demais ou tocar em demasia nas pessoas pode gerar defesa, hostilidade e antipatia. Respeite os espaços pessoais;

- dê a impressão certa. São os cinco primeiros minutos que, num primeiro momento, formarão a imagem que os outros fazem de você. Apesar de ser uma atitude não muito recomendada, todos acabam levando em conta a primeira impressão nos contatos iniciais. Sendo assim, a atenção aos detalhes faz diferença.

Reflita desde como você está vestido, até como fala, anda e age e lembre-se de que sua área de trabalho é reflexo de você e que organização e vestuário impecável transmitirão a noção de limpeza, organização, preocupação consigo mesmo e autoestima alta. Fatores estes muito importantes diante das pessoas e de nós mesmos.

Como Entender e Usar Gestos

O gesticular junto com outras comunicações não-verbais (postura e expressões faciais) é uma parte importante da linguagem do corpo. Saber como gesticular com efeito, sem ser artificial ou exagerado é fundamental no seu contato com outras pessoas, pois às vezes o que você fala não corresponde aos gestos que está apresentando; o que pode gerar problemas de atendimento ao público e até conflitos entre o grupo de trabalho ou familiar.

Não adianta achar que pode enganar as pessoas, pois haverá um momento em que, sem você perceber, algum gesto o denunciará a qualquer momento perante os outros.

Ouvir É um Milagre nos Dias de Hoje e um Diferencial para Amanhã

A comunicação é uma via de mão dupla – um lado entende o outro e vice-versa – mas em geral isso é ignorado.

As técnicas para ouvir são vitais, porque a outra pessoa presta atenção em como você a ouve e isso ajuda no sucesso da comunicação.

Diferença entre escutar e ouvir:

Escutar: é apenas captar fisiologicamente os sons ao nosso redor, sem refletir ou tomar realmente ciência da importância destes no nosso contexto social e comunicacional.

Ouvir: é, além da captação de sons, refletir, analisar e tomar ciência sobre o que está ao nosso redor, estabelecendo um contexto e, consequentemente, uma resposta ao que nossos ouvidos nos informam.

Reflita: na maioria das vezes você escuta ou ouve?

Saiba ouvir:

TIPO	COMO COLOCAR EM PRÁTICA
CRIAR EMPATIA	Busque imaginar-se no lugar da outra pessoa e tente entender o que ela possivelmente está sentindo e a deixe sentir-se confortável.
ANALISAR AS INFORMAÇÕES	Recorra sempre a perguntas analíticas para descobrir as razões sobre o que foi dito, mas seja cuidadoso ao questionar.

Lembre-se de que:

- você inspira confiança no outro ao ouvi-lo com atenção;
- tome como verdade o que lhe é dito, até prova em contrário;
- mal-entendidos são causados pela vontade de só se ouvir o que desejamos ouvir.

Interprete o Diálogo

Ouça as declarações como as mesmas são, sem procurar significados ocultos no que está sendo dito.

Neste momento, coloque seu senso crítico, preconceitos, antipatias, influências da opinião de outras pessoas, questões pendentes com as pessoas de lado, ou seja, procure ser impessoal ou colocar-se na posição do outro, esperando que o mesmo termine seu discurso, antes de elaborar respostas a partir de meias palavras "mal-ouvidas".

Observe, em conjunto com o som da voz, os gestos, as atitudes de quem fala para ter pistas sobre a veracidade da mensagem e, só então, após ter processado mentalmente: mensagem, som e gestos, responda ao receptor.

Não ouça apenas o que você quer ouvir.

Como responder:

Antes de responder, esquematize mentalmente aquilo que você ouviu. Isto ocorrerá num curtíssimo espaço de tempo e você nem perceberá se parar para ouvir e não responder à primeira palavra que faça algum sentido (positivo ou negativo) para você. Assim, com atenção focada, a resposta certa aparecerá e sua comunicação melhorará muito, principalmente no convívio familiar e de trabalho, onde se requer maior entrosamento do grupo e clima mais agradável, uma vez que convivemos com este último, no mínimo, 8 horas por dia.

Você ouviu, agora aja...

Há casos em que se faz necessária a ação diante do que foi dito, portanto, não fique com excesso de diálogo e pouquíssima ação, o que você prometeu hoje, deveria estar pronto ontem.

Não adianta ouvir sem agir e, se for necessário, ponha no papel as promessas feitas por ou para você e colha assinaturas. Se necessário, coloque-as em *follow-up* (espera/acompanhamento) e cobre as atitudes suas e dos outros no tempo estipulado para o cumprimento das mesmas. Mas não faça isso só para os outros; faça-o com relação a si mesmo. Só é possível cobrar algo se você está cumprindo a sua parte.

Três passos da comunicação de sucesso:

- ouvir com atenção o que é dito;
- responder, pedindo esclarecimentos necessários;
- tomar iniciativa e agir.

Como e quando abordar e questionar as pessoas?

O modo como você se dirige às pessoas e as questiona pode esclarecer a base da comunicação e torná-la aberta e confiável ou criar um clima de agressividade e antipatia.

Antes de sair questionando qualquer forma ou desnecessariamente as pessoas, faça uma lista prévia do que precisa saber e verifique se você, ao ler suas perguntas, se sentiria bem ao respondê-las e se a resposta viria em seguida. Caso contrário, reveja a necessidade ou a forma da pergunta.

Quanto mais uma pessoa lê e, principalmente, compreende o que lê, melhor informada é. Neste caso, voltar-se única e exclusivamente para uma área é cair no vazio. É óbvio que há tipos de leitura

Como Ler com Fluência

com a qual nos identificamos, mas devemos ler de tudo e, acima de tudo, entender o que foi lido, ou seja, fazer uma leitura reflexiva.

O mínimo de informação é necessário nos dias atuais. Portanto, uma revista de informação é primordial ou, talvez, o jornal diário.

O que você leu hoje?

Se, em nossa vida pessoal a leitura é importante, imagine então em nossa vida profissional. Ler com calma um memorando é imprescindível para a tomada de atitude, porém para isso é preciso muito mais concentração – requisito número um para uma boa leitura – do que tempo e, lembre-se, falta de tempo não justifica a falta de leitura seja em que área for.

Como Tomar Notas

Tomar nota é fundamental para quem trabalha e nem sempre é possível confiar na memória, principalmente no tocante a atendimento de pessoas e telefonemas.

Portanto, sempre use técnicas para tomar notas num momento de extrema pressa, porém, se for um recado para outra pessoa, zele pela apresentação, caligrafia, clareza de ideias e erros de Português, pois é fundamental que quem receba o mesmo não tenha dúvidas sobre o que foi escrito.

Procure anotar sempre:

- nome (se possível completo) da pessoa que estabeleceu o contato;
- assunto;

Capítulo 1: Conceitos Comunicacionais Básicos

- com quem queria falar (para quem é o recado);
- dia e hora que ligou;
- qual a mensagem;
- se espera retorno ou não;
- se é urgente ou não;
- a que horas/dia espera retorno.

E, é lógico:

- seja educado, usando palavrinhas-chave como: OBRIGADO, POR FAVOR, POIS NÃO;
- mesmo ao telefone, SORRIA, não demonstre desânimo, nervosismo ou tédio pois a pessoa perceberá;
- seja breve, porém não expulse a pessoa da linha telefônica; não dê informações vagas ou fale e dê as costas às pessoas se for pessoalmente;
- use mapas mentais no momento em que estiver fazendo anotações;
- não seja indiscreto ou grosseiro ao abordar a pessoa que está deixando recado.

Como Fazer Contato

A comunicação via telefone, escrita ou cara-a-cara pode variar de um "conflito armado" a um perfeito acordo entre as partes. Em cada caso, escolher o melhor método para alcançar seu objetivo.

Nunca se pode garantir um fim satisfatório para um encontro, mas um bom começo sempre é possível. Sua fala e seu comportamento afetam as reações dos outros; assim, use palavras de boas-vindas para garantir um começo positivo.

Saudações a todos

A forma como você saúda as pessoas é derivada de seu relacionamento com elas e deve ser respeitada.

Sendo assim, se houver informalidade entre você e a outra pessoa, um simples "Como vai?" já é o suficiente, porém não é algo que se faz quando se quer e somente para os escolhidos. Faz-se para todos sem distinção. Mesmo se houver hostilidades, um começo civilizado sempre é benvindo.

Com estranhos e pessoas com as quais você tem certo grau de formalidade, superior hierárquico, por exemplo, os cumprimentos, no caso de estranhos, funcionam como uma pequena apresentação, ou seja, "Bom dia, eu sou (nome). Em que posso ajudá-lo (la)"?

No caso de superiores hierárquicos um "Bom dia", "pois não" e tratar por senhor ou senhora, até que este dispense tal tratamento, demonstra educação, polidez e maturidade.

Contato pessoal

Voltamos aqui a abordar o aspeto importante: o contato pessoal.

Se você está cumprimentando uma pessoa familiar, você pode ou não apertar as mãos; mas em situação formal, sempre estenda a mão antes do outro e dê um aperto de mão firme, olhando nos olhos da pessoa. Mas não exagere.

Lembre-se de ficar em pé ao receber alguém e de manter-se ereto, porém não empertigado; respeitando o espaço da pessoa (sem aproximar-se demais), principalmente caso se tratar de homem em relação à mulher.

Durante o encontro

Se for uma situação como: confraternização, almoço entre amigos, churrasco, jogo de futebol é óbvio que prevalecerá a informalidade. Contudo, se o contato é profissional, mantenha certo distanciamento, sem ser grosseiro, mesmo que você tenha "interesses" na pessoa com a qual tem contato. Lembre-se de que o momento é meramente profissional e o excesso de atenção ou aproximação pode gerar mal-entendido e dispersão em relação ao que você está fazendo, além de ser mal visto por quem está fora deste contato.

Fim do encontro

Independentemente de ter havido acordo ou atritos durante o contato, despeça-se da(s) pessoa(s) com a(s) qual(is) teve contato de forma amistosa, cordial e educada, mesmo que não queira fazê-lo, pois educação vem em primeiro lugar e não comente nada de negativo após a saída da mesma e nem depois. Fofoca e futrica é uma atitude lamentável em qualquer nível, principalmente no profissional.

"Pense, ouça; é um direito seu, mas não fale. Seja educado e não gere atritos."

Portanto, despeça-se com: um aperto de mão mais firme que o inicial; um sorriso sincero; um até logo simpático; um aceno e a indicação de onde é a saída; um olhar direto.

Em outras palavras, trate as pessoas como suas convidadas.

A mesma analogia de quem recebe pessoas serve para as pessoas que são recebidas e que nem sempre entenderão o mesmo, mas mantenha-se firme e demonstre que você é um ótimo anfitrião e, com o passar do tempo, estas pessoas, se frequentes ao seu local de trabalho, se habituarão a atitudes e passarão a agir, pelo menos, de forma aproximada à sua.

Capítulo 2

Dicas para Ser Cada Vez Mais Eficiente

A eficiência vem sendo a palavra de ordem atualmente e, para isso há alguns aspectos que devem ser considerados para adquirirmos tal perfil em termos profissionais, são eles:

Para transmitir segurança e conquistar a confiança dos que estão à sua volta, procure certificar-se da veracidade das informações que recebe e transmite.

Segurança

Mantenha sua área de trabalho organizada, pois isto transmite a sensação de organização e o trabalho flui melhor.

Organização

Resolver todas as tarefas possíveis, assim que chegarem às suas mãos, permite que você mantenha seu trabalho sempre em dia, sem acúmulos. O sucesso deriva de fazer coisas realmente importantes, que levam a resultados.

Não Deixe Nada para Depois

Para vencer os desafios do cotidiano, é importante ter entusiasmo. Não espere condições favoráveis para realizar determinadas atividades, e sim, realize as tarefas com entusiasmo. Segundo técnicas

Entusiasmo

motivacionais, não é o sucesso que traz o entusiasmo; é o entusiasmo que traz o sucesso.

Boa Comunicação

Ao falar, seja natural, pronuncie bem as palavras. Fale com boa intensidade, numa altura adequada para cada ambiente. Não fale nem muito rápido, nem muito devagar, faça-se entender alternando a altura e a velocidade da voz. Procure utilizar um vocabulário simples, objetivo e suficiente para expressar todas as suas idéias e pensamentos.

Gramática

Não deixe que os erros gramaticais atrapalhem seu trabalho ou até destruam sua imagem. Procure tirar dúvidas.

A leitura é uma boa fonte de aprendizado.

Criatividade: Um Forte Aliado para o Seu Cotidiano

É um fator muito importante na solução de problemas do cotidiano. Permite que você solucione seus problemas mais depressa.

Uma pessoa criativa consegue encontrar soluções mais rapidamente para resolver problemas do cotidiano e criatividade não é um dom especial.

Todos podem desenvolver nossa criatividade se buscarmos continuamente informação sobre tudo o que nos cerca, se tivermos sensibilidade para todas as coisas que acontecem à nossa volta. A inspiração, o *click*, é o resultado final de muita leitura, observação e análise. É o momento em que o arquivo mental entra em ação e abre-se uma gaveta com uma grande ideia e, para que essa gaveta se abra, o arquivo tem que ser abastecido.

Aprenda não somente a escutar, mas a captar a mensagem. Muitas vezes escutamos sem prestar atenção e acabamos não entendendo o que ouvimos.

Desenvolva sua curiosidade, observe e absorva, faça anotações, armazene idéias.

Não espere que os problemas surjam, para que você comece a exercitar sua criatividade; desenvolva-a primeiro e você verá que os problemas se tornarão mais amenos e mais fáceis de serem resolvidos.

Expressões Estrangeiras

As expressões estrangeiras, apesar de não serem aceitas em Língua Portuguesa se houver vocabulário correspondente na mesma, são amplamente utilizadas no meio empresarial, seja na área administrativa, na comercial ou na produtiva e devem ser conhecidas, porém usadas com moderação e dentro de um contexto técnico no qual todos os presentes saibam do que se trata.

No caso de não se ter noção se os presentes têm conhecimento do significado da expressão utilizada, recomenda-se por uma questão de educação e de situação comunicacional, que se faça uma tradução simultânea (lembra-se da tecla SAP da TV? Pois é... vale usar esse recurso para as expressões estrangeiras...).

REDAÇÃO TÉCNICA EMPRESARIAL

Expressões Estrangeiras Mais Utilizadas	
Expressão	Significado
A PRIORI	O que precede.
A POSTERIORI	O que vem depois.
APROACH	Abordagem.
ASAP (As Son As Possible)	O mais rápido possível (Urgentíssimo).
BREAK-EVEN-POINT	Ponto de equilíbrio do custo de determinado produto.
BRAINSTORM	Tempestade de idéias.
BREAK DOWN	Parada.
BUSINESS	Negócios.
BUDGET	Orçamento.
BUY OFF	Controle de entrada (comprar dentro), controle interno, controle de produtos, produtos produzidos na empresa para checar a qualidade e viabilidade de venda.
BUY OUT	Compra externa.
CALL TO BACK	Chamada de retorno, programa ou telefone.
CASE	Caso exemplar.
CASH CONSERVATION	Conservação do dinheiro.
CASH FLOW	Fluxo de caixa.
CRASH TEST	Teste de batida.
CROSS FUCTIONAL PROCESS	Processo que atravessa diferentes funções departamentalizadas.
COMPANY	Companhia.
COMMITMENT	Concordância do conjunto (grupo).
DOWN JONES	Índice da Bolsa de Nova York.

Expressões Estrangeiras Mais Utilizadas

Expressão	Significado
DOWN SIZING	Diminuição de tamanho; fazer mais com menos.
DRAFT	Rascunho.
DUMPING	Política de preços abaixo do custo.
EXPERTISE	Habilidade.
FACE LIFT ou FACE SHIFT	Nova face, nova cara.
FEED BACK	Retorno.
FEELING	Tato, faro.
FOLLOW-UP	Acompanhamento.
FULL TIME	O tempo todo, em tempo integral.
FUNDING	Fundos, investimentos.
GAP	Intervalo, defasagem.
GLOBAL SOURCING	Fornecimento global.
IN LOCO	No lugar.
IN SOURCING	Fazer dentro.
IPSIS LITTERIS	Com as mesmas letras.
JOINT VENTURE	Associação de empresas.
KNOW HOW	Tecnologia.
MAKE	Fazer.
MANAGEMENT BUY OUT	Executivos assumindo o controle da empresa; gerenciamento de compra externa.
MARKET SHARE	Participação de mercado.
MIX	Conjunto de itens.
ON THE JOB	No local de trabalho.
OUT SOURCING	Fazer fora.

Expressões Estrangeiras Mais Utilizadas	
Expressão	Significado
OVERHEAD	Despesas operacionais.
PER CAPITA	Por cabeça, entre cada um.
PRE-DELIVERY	Liberação prévia.
PRE-SCHEDULE	Mapa, discussão do programa de produção.
PRÓ-FORMA	Apenas por formalidade.
STAND BY	Dar apoio.
START-UP	Início das operações.
STATUS QUO	Situação anterior a do momento.
STOP AND GO	Pára e depois continua.
SUI GENERIS	Do seu gênero.
SUPPLY CHAIN	Rede de fornecedores ao redor da fábrica, cadeia de fornecedores.
TARGET	Faixa, limite, parâmetro, meta.
TEAM WORK	Grupo de trabalho, equipe.
TOP	Topo.
TURN OVER	Rotatividade de mão-de-obra.
TRAINING ON THE JOB	Treinamento no local de trabalho.
TRADE	Comércio, negócio.
UP AND DOWN	Sobe e desce.
UP TO DATE	Atual, na data.

    Apesar de se considerar tais expressões como **estrangeirismo**, estas vêm, cada vez mais, aumentando sua ocorrência em correspondências de qualquer nível. Observe o exemplo a seguir:

Capítulo 2: Dicas para Ser Cada Vez Mais Eficiente

Modelo de Carta

São Bernardo do Campo, 20 de janeiro de 2003.

Senhores Funcionários:

 Buscando um *break-even-point* entre as negociações sindicais, gostaríamos de esclarecer que o *down sizing* de nossa empresa faz-se necessário uma vez que nossos *fundings* estão precários e necessitamos de maior *turn over*.

 Desde já contamos com a compreensão de todos que formam o nosso *team work*.

Atenciosamente,

J.J.J. e J.
Presidente Interino e Adjunto
Tabajara Joint Venture

Agora é com você...

Reescreva a carta apresentada, observando a estética adotada, substituindo, porém, as expressões estrangeiras por palavras correspondentes da Língua Portuguesa.

Analise os seguintes aspectos da correspondência em questão:

a) A linguagem está adequada ao receptor?

b) Tais expressões tornam o texto claro, objetivo e simpático. Por quê?

c) Quais os cuidados que deveriam ter sido tomados e não foram, ao redigir-se esta carta.

Capítulo 3

Segredos da Redação Comercial

Como Escrever e Convencer

Para escrever bem, você deve redigir corretamente, respeitando a gramática e evitando erros grosseiros de ortografia, acentuação, crase, pontuação, concordância nominal e verbal. Para isso, é essencial ter um dicionário ou gramática ao lado e ler muito.

Saber escrever com clareza, hoje em dia, é uma arte e um grande diferencial entre os profissionais de todas as áreas, que dirá expor com habilidade um pensamento, sem deixar o receptor embaraçado e na dúvida! Para tanto, você deve ser claro, objetivo e colocar-se no lugar do outro, lendo sua própria mensagem e detectando possíveis pontos obscuros.

Um dos principais fatores da comunicação é escrever e, de preferência, agradar o leitor, usando expressões elegantes, educadas e gentis, fugindo do estilo seco, abrupto e descortês, que desagrada qualquer um.

Eficácia na Comunicação

Correspondência eficaz é a que gera uma resposta correta, que satisfaz às necessidades do emitente. Redator experiente rejeita escrever "bonitinho", recusa fazer literatura em correspondência comercial e adapta o nível de linguagem à capacidade de recepção do destinatário. Ele sempre desconfia da clareza de suas ideias e sempre busca a palavra mais simples, a frase mais curta e compreensível por todos.

É necessário que haja resposta para as seguintes perguntas:

O quê?

Quem?

Quando?

Como?

Onde?

Por quê?

Numa redação técnica não se apresentam opiniões; expõem-se fatos e argumentos.

Portanto:

A preocupação será sempre produzir uma resposta, tornar comum as ideias e persuadir, apresentando fatos e argumentos.

O Que É um Código Aberto e um Fechado?

O sucesso empresarial depende muito de um sistema de comunicação eficaz interna e externamente. A comunicação imprecisa, ambígua e insuficiente tem causado a ruína de muitas empresas e de quem a redigiu.

As pessoas que têm relações de trabalho reclamam uma linguagem compreensível para que se estabeleça o entendimento comum. E, comunicação é isso: **participação, troca de conhecimento e experiências.**

A falta de precisão na linguagem acarreta problemas para o desempenho de tarefas e, às vezes, prejudica até mesmo as relações humanas, gerando desentendimentos, discussões, redução de produtividade.

Uma redação torna-se eficaz quando o redator, em vez de utilizar um código aberto, utiliza o código fechado.

Exemplos:

Código aberto:

"Márcia:

Ligue à tarde para aquele setor."

Código fechado:

"Márcia:

Telefone às 15h00 para o setor de Compras e fale com Sr. Alfredo José, Gerente do Departamento, e pergunte-lhe quando receberei a requisição de compras 0001.

Obrigado,

João José"

Portanto:

Código aberto é vago, impreciso e pode gerar mal-entendidos.

Código fechado é objetivo, claro, preciso, orienta o leitor não lhe deixando dúvidas sobre o que fazer.

Entre as expressões seguintes, indique quais facilitam o entendimento, quais transmitem informação e precisão, em quais delas foi utilizado o código fechado e em quais delas utilizou-se o código aberto.

Aproveite e reescreva as informações que estão em código aberto em código fechado.

a) "A reunião será à tarde."

b) "A secretária saiu para tratar de uns negócios de interesse da empresa."

c) "Aguardamos sua resposta para breve."

d) "Gostaríamos de que nos dissessem qualquer coisa sobre os nossos produtos."

e) "O Sr. Lucas da Silva, da empresa X, procurou-o por telefone, hoje, às 09h00. Queria uma resposta para a proposta que fez por carta, cuja xérox passo-lhe às mãos."

O Que É Mensagem Quente e Mensagem Fria?

Mensagens quentes:

Têm excesso de informações, são muito formais, rígidas, tensas, complexas, com alto grau de definição. Daí, exigir atenção redobrada do leitor.

Mensagens frias:

As informações são claras, diretas, adequadas ao público que as lê.

Portanto:

- seja econômico, conciso na sua exposição, utilizando somente as palavras necessárias;
- evite as explicações supérfluas, inúteis;
- trate um assunto de cada vez, em parágrafos diferentes;
- seja coerente e busque atingir um objetivo previamente traçado;
- e, ainda, cuidado com a estética, pois a visualização do texto impresso no papel também deve ser feita visando a atingir o leitor, prender sua atenção, interessá-lo. Tudo muito "espremidinho", apertado, pode levá-lo ao desinteresse.

Como Atrair a Atenção do Leitor

Tópico frasal: somente um assunto deve ser tratado por parágrafo e, para isso:

- determine uma idéia central para o seu texto e escreva-a no início do primeiro parágrafo;
- quanto aos parágrafos seguintes, procure escrever de modo que a idéia seja identificada rapidamente. Observar que, o parágrafo não deve se reduzir ao seu aspecto visual/estético, ou ter sua extensão medida em centímetros, mas expressar **conteúdo**;
- mudando o assunto, muda-se o parágrafo.

Observe o modelo de texto a seguir e responda:

1) Qual é o tópico frasal desta carta?

2) Qual o assunto ou assuntos tratados?

3) Há necessidade do segundo parágrafo estar separado do primeiro? Por quê?

4) Há necessidade do terceiro e quatro parágrafos estarem separados? Por quê?

5) O assunto está bem delimitado?

6) Reescreva a carta procurando melhorá-la quanto à distribuição de parágrafos.

Modelo de Carta

BANORTE
Banco Banorte S.A.

Prezado Cliente:

Com certeza você já passou por vários momentos em que gostaria de dar sua opinião, sugerir algo de novo ou mesmo esclarecer alguma dúvida sobre nossos diversos produtos e serviços, mas sem que para isso fosse preciso ir até a agência.

Foi pensando nisso que o BANORTE criou uma central de atendimento, o LigBanorte, que estabelece um canal de comunicação direto com Você. Do outro lado da linha está alguém, que vai esclarecer suas dúvidas, ouvir suas opiniões e ainda solucionar seus problemas de forma rápida e eficiente. Você ainda pode atualizar seu endereço e consultar seu saldo em conta-corrente ou poupança.

Tudo isso o BANORTE oferece para você. Basta ligar para 216-7300 no Recife e (0XX-81) 800-2111 nas demais cidades (com ligação gratuita) sem atropelos e com muita comodidade. O LigBanorte está à sua disposição, é só ligar.

Atenciosamente,
BANCO BANORTE S.A.

Características do Tópico Frasal

- **Ser específico.**

  Exemplo:

  "Enviamos três Gols Geração III, duas Paratis e um Santana para retrabalho em 20.01.02."

- **Ser pormenorizado.**

  Exemplo:

  "O defeito na máquina de torque nº XXX, que encontra-se na Ala XIV, setor XXX, *Pre-delivery* é algo que não pode ser consertado..."

- **Apresentar sempre argumentos e não meras opiniões.**

- **Ter precisão vocabular, ser conciso e claro.**

Problemas Comuns na Correspondência

1. Repetição de ideias, palavras e verbos auxiliares

   Exemplos:

   - "Estava disposta a reescrever a carta." (Evitar)
   - "Resolvera reescrever a carta." (Preferível)
   - "A secretária estava com receio de contar o fato ao chefe." (Evitar)
   - "A secretária receava contar o fato ao chefe." (Preferível)

2. Vaguidade das expressões

   A pressa e a falta de reflexão levam a expressões imprecisas que apenas servem para "tapar buraco", mas não transmitem nada. Evite expressões como:

- A dizer a verdade (bonita, não??? Mas... que verdade???)
- Além disso (além disso, além daquilo, além do além e por aí vai... entendeu???)
- Aspecto (???)
- Casualmente (OPS! Não foi de propósito, foi casualmente... entendeu??)
- Certamente (Será???)
- Coisa (palavrinha difícil de digerir, digamos assim, num texto técnico. Que coisa!!!)
- Conjuntura atual (todo mundo faz charme com esta expressão... mas não agrada)
- Definitivamente (nada é definitivo na vida. Concorda?)
- Efetivamente (Por que efetivamente?)
- Ensejo (palavra mais *de modé*, em francês, fora de moda)
- Então (palavra muito utilizada na linguagem coloquial, principalmente, enquanto se conta algo em que se deseja prender a atenção do ouvinte. Então... então... palavrinha chata!!!)
- Eventualmente
- Fatores
- Mui respeitosámente (não lembra o século passado?)
- Na verdade (combina com o certamente)
- Oportuno, oportunamente (quando Deus quiser!)
- Por outro lado (que lado?)
- Por seu lado (que lado?)

3. Prolixidade

Há expressões que por serem longas, compostas e prolixas devem ser também evitadas, devendo ser substituídas por expressões mais curtas e "leves".

Observe o quadro a seguir:

Expressões Evitáveis	Substituir Por
Acima citado	Citado
Acusamos o recebimento	Recebemos
Agradecemos antecipadamente	Agradecemos
Anexo à presente	Anexo (a)
Anexo segue	Anexo (a)
Antecipadamente somos gratos	Agradecemos
Anterior a	Antes de
Aproveitando o ensejo anexamos	Anexamos
Até o presente momento	Até o momento
Como dissemos acima	Mencionado
Com referência ao	Referente ao
Conforme assunto em referência acima citado	Mencionado
Conforme acordado	De acordo com
Conforme segue abaixo relacionado	Relacionado a seguir
Devido ao fato de que	Por causa
Durante o ano de 2001	Em 2001
Durante o transporte de	No transporte de
Encaminhamos em anexo	Encaminhamos ou anexamos
Estamos anexando	Anexamos
Estamos remetendo-lhe	Remetemos-lhe

Expressões Evitáveis	Substituir Por
Estar em posição para	Fulano pode (use o verbo poder)
Estou escrevendo-lhe	Escrevo-lhe
Levamos ao seu conhecimento	Informamos
No futuro próximo	Escreva no tempo futuro (iremos, faremos)
Ocorrido no corrente mês	Ocorrido neste mês
Referência supracitada	Mencionado
Somos de opinião de que	Acreditamos, consideramos
Seguem em anexo	Anexos ou anexamos
Temos a informar que	Informamos que
Segue anexo nosso cheque	Anexo ou anexamos
Um cheque no valor de	Um cheque de R$...
Vimos solicitar	Solicitamos
No estado de Pernambuco	Em Pernambuco

4. Pleonasmos

É o exagero, ou seja, repetição de palavras que acabam tornando o texto cansativo e às vezes até mesmo ridículo. Portanto, evite:

- "Fundamentos básicos";
- "Pela presente";
- "Vimos por meio desta";
- "Sua prezada ordem (querida ordem!!!)";
- "Até o dia 29.03.02" (até 29.03.02);

entre outras...

5. Afetações e colocações exageradas

Evite:

- "ao seu inteiro dispor"
  (isso é mentira!);

- "firmamos mui cordialmente"
  (coisa arcaica!);

- "temos especial prazer em renovar"
  (estão querendo convencê-lo a pagar por algo!!!);

- "temos a súbita honra de"
  (é só súbita? Que susto!);

- "temos o prazer de..."
  (Será?).

6. Gíria

A gíria é um obstáculo na redação comercial. Em virtude de o universo vocabular ter sido reduzido a vinte ou trinta palavras e um punhado de grunhidos e onomatopeias, além de expressões vazias (aí, pá, pum, sabe como é, então...) a tendência é redigir cartas com duas ou três linhas no máximo. Não é sequer falta de tempo, é falta de reflexão para elaborar uma mensagem capaz de atingir o alvo.

7. Estrangeirismos

Em alguns casos, palavras de origem inglesa ou francesa vêm sendo utilizadas de forma errônea, sem ao menos um significado preciso. Porém, na linguagem técnica, quando não se dispõe em Português de termo apropriado, justifica-se o uso de palavras estrangeiras, tomando-se o devido cuidado com o receptor.

8. Laconismo

Aqui cabe a expressão "curto e grosso" que muitas vezes as pessoas consideram uma grande qualidade, mas que, se não utilizada corretamente pode levar a ambiguidades, mal-entendimentos, discussões.

Ser claro, não quer dizer "poupar palavras" mas, sim, utilizá-las adequadamente. Isso pode ser evitado com algumas palavras a mais e precisas.

9. Empolação

É a linguagem que agrega prolixidade, pleonasmos, redundâncias e outros elementos que tornam o texto monótono, cansativo, ridículo e, o pior, difícil de ser entendido. Quando o texto apresenta-se dessa forma, recomenda-se que o mesmo seja avaliado e que haja reflexão sobre o assunto, levando-se em conta quem irá lê-lo.

10. Falhas gramaticais

Devem ser evitadas através da utilização constante de dicionário e gramáticas. Hoje, já temos sistemas de revisão ortográfica e gramatical quanto à concordância e até mesmo colocação pronominal em programas de computadores, porém vale lembrar que é você quem escreverá a mensagem e cabe a você evitar erros. Um detalhe: o programa não vem, digamos, totalmente completo. Muitas vezes temos que, gradativamente, aumentar a memória do revisor e o vocabulário disponível, conforme o uso!!! Neste caso, consulte um dicionário ou uma gramática antes da inserção do vocábulo, a fim de evitar a incorporação de grafias incorretas ao programa.

Obstáculos à Comunicação

Entre os vários fatores que geram obstáculos, podemos observar:

1. **Da parte do emissor:**

   - uso de termos técnicos desconhecidos pelo receptor;
   - imprecisão vocabular e frases longas;
   - linguagem afetada;
   - acúmulo de pormenores irrelevantes;
   - excesso de adjetivação.

2. **Da parte do receptor:**

   - falta de conhecimento sobre o assunto;
   - falta de experiência;
   - falta de imaginação;
   - distração;
   - falta de disposição para entender.

3. **Outros obstáculos:**

   - incapacidade verbal, oral e escrita, para expor o próprio pensamento;
   - falta de coerência entre os diversos fragmentos de frases ou pensamentos;
   - interferência de opiniões, quando apenas deve-se expor o fato.

Avalie sempre:

- como transmitir informações;
- como instruir;
- como ser breve e claro;
- ter um objetivo em mente;
- ter informações suficientes sobre o fato;
- planejar a estrutura de comunicação a ser feita;
- dominar todas as palavras necessárias;
- tratar do assunto com propriedade (maturidade e profissionalismo).

Habilidades Técnicas que Devem Ser Desenvolvidas

Procure conhecer:

- de quem parte as informações dentro da empresa ou setor onde você trabalha;
- em quanto tempo a informação está disponível todos os dias;
- que tipo de informações costuma-se transmitir;
- onde é possível obterem-se informações fiéis e precisas dentro da empresa;
- quais canais (rádio, murais, quadro de avisos, etc.) a empresa utiliza para transmitir as informações;
- as informações são transmitidas seguindo-se uma hierarquia ou não.

Conhecimento do Sistema Comunicacional

Atitudes Comunicacionais

Para a comunicação ser eficaz você deve analisar

- Com quem você vai comunicar-se: Quem é? Que tipo de pessoa é? De quanto auxílio seu essa pessoa necessita, a fim de entender e aceitar o que você tem a dizer?

- O que você quer dizer? A mensagem está clara em sua própria mente? Você ainda tem pormenores para verificar?

- Como você está transmitindo as informações? A abordagem está correta? Você está usando as palavras adequadas para as circunstâncias?

- Como você se certifica de que conseguiu convencer: Que informações você quer para confirmação? Que perguntas você pode fazer?

- Prestar atenção nas palavras escritas e faladas de outras pessoas. Use portanto, o vocabulário das pessoas com quem você quer comunicar-se.

O redator deve organizar suas idéias antes de transmiti-las. Faça um rascunho e leia-o ante de divulgá-las como informação.

Estabelecimento do Objetivo

Considere os seguintes aspectos no ato de escrever

- O que se quer, o que se deseja? Qual objetivo deseja-se atingir?

- Quem vai ler a comunicação?

- Qual o nível cultural do receptor?

- Refletir antes de escrever.

Estando de posse de informações, leve em consideração ainda:

- quantidade de informações;
- qualidade das informações;
- informações desnecessárias;
- convencer o leitor com a mensagem elaborada;
- seleção dos fatos e evitar opiniões;
- decisão sobre o que dizer e a ordem em que dizer;
- direcionamento do assunto;
- sob a assinatura, coloque sua posição hierárquica na empresa. (Diga ao leitor quem você é).

Capítulo 4

Técnicas de Documentos Comerciais

1. Abaixo-assinado

De modo geral, é empregado para designar a pessoa que assina o documento ou petição. Pode referir-se também a documento, petição ou requerimento firmado ou subscrito por várias pessoas que pedem a concessão de alguma medida. É dirigido à pessoa ou à autoridade que tem atribuição de decidir a respeito daquilo que se pede.

2. Acordo

Acordo é ajuste, pacto. É um contrato ou convenção realizado por duas ou mais pessoas com objetivo de pôr fim a uma pendência, demanda ou conflito. Engloba título, com nome dos que fazem parte do acordo, exposição do acordo, assinatura das partes. Não são obrigatórias testemunhas.

3. Ata

É um registro onde se relata o que se passou numa reunião, assembleia ou convenção.

A ata deve ser assinada pelos participantes da reunião, pelo secretário e pelo presidente. Para sua lavratura, obedece-se às seguintes normas:

- deve ser lavrada de tal modo que inviabilize alterações;

Conceitos e Modelos

- na ata do dia podem ser feitas retificações da ata anterior;
- o texto pode ser datilografado ou manuscrito, porém sem rasuras;
- o texto será compacto, sem parágrafos e sem uso de alíneas (tópicos);
- nos casos de erros constatados no momento de redigi-la, emprega-se a partícula corretiva "digo";
- quando o erro for notado após a redação de toda a ata, recorre-se à expressão "em tempo" que é colocada após todo o texto escrito, seguindo-se então o texto emendado: "Em tempo: na linha onde se lê 'bata', leia-se 'pata'";
- todos os números são grafados por extenso;
- existe um formulário para atas que possuem procedimentos comuns e apenas são preenchidos os espaços;
- a ata é redigida por um secretário efetivo. No caso de sua ausência, nomeia-se outro secretário (*ad hoc*) designado para esta ocasião.

Devem constar numa ata:

- dia, mês, ano e hora da reunião (por extenso);
- local da reunião;
- pessoas presentes com suas respectivas qualificações;
- declaração do presidente e secretário;
- ordem do dia;
- fecho;

- assinaturas de presidente, secretário e participantes.

4. Atestado

Documento oficial com que se certifica, afirma, assegura, demonstra alguma coisa que interessa a outrem. Atestado é uma declaração, um documento firmado por uma autoridade em favor de alguém ou algum fato de que tenha conhecimento.

São elementos constitutivos de um atestado:

- timbre da empresa que fornece o atestado;
- título (ATESTADO) em letras maiúsculas;
- mensagem: texto sobre o que se atesta (afirma, declara);
- identificação do emissor;
- identificação do interessado (nome, número de identidade, profissão);
- exposição do fato que se atesta;
- característica da linguagem, objetividade, precisão, clareza. Evitam-se clichês como: "nada sabendo em desabono à sua conduta", "é pessoa de meu conhecimento";
- local e data;
- assinatura (nome e cargo da autoridade que atesta).

5. Aviso

É apenas um comunicado de uma pessoa para outra. Burocraticamente, é um ofício de um ministro a outro. É empregado no comércio, na indústria, no serviço público e na rede bancária. Serve para ordenar, prevenir, noticiar, convidar. Significa economia de tempo e, se redigido em linguagem clara, favorece a eficácia da comunicação.

6. Bilhete

Em linguagem comum é uma carta breve, podendo ser formal ou informal. Em sentido jurídico, significa o papel escrito que contém a obrigação de pagar ou entregar algo a quem o mesmo é dirigido, dentro de um determinado tempo.

Em linguagem comercial, o bilhete tem função idêntica ao Título de Crédito, desde que se revista de formalidades legais. Recebe diversas designações: bilhete de carga, bilhete de banco, bilhete de câmbio, entre outras.

O bilhete verbal caracteriza-se por:

- usar um memorando horizontal (16,5 x 22 cm);
- ser conciso, claro e utilizar a terceira pessoa na linguagem;
- usar vocabulário simples e claro.

7. Carta

Qualquer comunicação escrita ou impressa devidamente acondicionada e endereçada a uma ou várias pessoas é uma carta.

Utiliza os seguinte componentes:

- data: cidade, dia, mês e ano;
- texto: desenvolvimento do assunto;

- fecho de cortesia: Atenciosamente ou Cordialmente;
- assinatura: nome e cargo.

Deve obedecer a especificações, tais como:

- estética cuidadosamente digitada, sem erros ou rasuras;
- deixar dois espaços duplos abaixo dos dizeres impressos (timbre);
- vocativo: seguido de dois pontos;
- texto: desenvolvimento do assunto a ser tratado.

8. Certificado

É o documento em que se certifica algum fato de que se é testemunha. Muitos eletrodomésticos, por exemplo, já trazem o famoso certificado de garantia.

9. *"Curriculum Vitae"* ou Currículo

É o conjunto pormenorizado de informações a respeito de uma pessoa, geralmente exigido quando a pessoa está à procura de uma nova colocação profissional. Inclui detalhes de formação intelectual e profissional da pessoa. Alguns detalhes devem ser considerados quando da formulação do mesmo são:

- Incoerências entre o currículo e a carta de apresentação que deve acompanhá-lo são desastrosas. Por exemplo, evitar apresentar maior competência do que realmente você tem. Assim, soa presunçoso dizer que um jovem profissional recentemente formado, tem grande experiência numa atividade. Nesse caso, o currículo não sustenta tal informação.

- O autoelogio, como "sou comunicativo", "sou dedicado e dinâmico" e outros pode prejudicar o candidato. Outras pessoas devem avaliar seu comportamento e não você próprio, ou, ainda, condicionar esta avaliação. Outras pessoas devem avaliar seu comportamento e não você próprio.

- Linguagem excessivamente técnica é um grande empecilho para se alcançar bom resultado. O currículo vai ser selecionado por profissionais de recursos humanos! Ora, se o selecionador do currículo não entender sua linguagem, você será prejudicado.

- Afirmar seus conhecimentos e evitar informar que tem pouco conhecimento sobre algo. Por exemplo, em vez de "tenho noções de mecânica", diga, "tenho conhecimento de mecânica".

- Profissionais experientes não estendem as informações curriculares, transformando-as em uma biografia. Evitar informações muito antigas (de dez, vinte anos atrás), preferencialmente, enfatize duas ou três atividades recentes.

- Não poluir o currículo com informações sobre documentos escolares.

- Inicie a experiência profissional pela mais recente.

- Diga sempre a verdade, mesmo que tenha sido despedido do último emprego. Para suavizar uma possível informação, dizer que "a experiência, embora frustrante, trouxe alguma aprendizagem".

- Informe a data da conclusão dos cursos.

- Evite o histórico escolar e descrever trabalhos desenvolvidos em cursos técnicos ou na faculdade, por exemplo.

- Se for inexperiente, diga que é recém-formado e tem pouca experiência. Conquiste seu selecionador pela simplicidade e humildade.

- Escreva uma frase de objetivo, usando o verbo no infinitivo: "atuar na área de manutenção da empresa".

- Fuja dos dados pessoais, como solteiro, jovem, bonito. São informações que não acrescentam nada às suas qualificações profissionais.

- A estética do currículo deve ser cuidada. Bom visual atrai o selecionador. Separar as informações em blocos.

- Disponha as informações de forma clara e objetiva.

- Não encha o espaço do currículo com excesso de informações, achando que vai cativar o selecionador.

- O currículo longo nunca é atraente.

- Não revele o salário pretendido, a menos que seja obrigatório, pois o assunto deve ser resolvido na entrevista.

- Mencione somente o último nível de escolaridade.

- Evite siglas e abreviaturas.

- Idiomas: informe seu grau de fluência.

- Deixe fora do currículo informações sobre religião, times para os quais torce, *hobby*.

Estrutura do currículo

- Dados pessoais: nome, data de nascimento, nacionalidade, estado civil, filhos, telefone.

- Objetivo: escreva uma frase, com verbo no infinitivo, informando o que você deseja fazer na empresa e a que cargo se candidata.

- Posicionamento profissional, por exemplo: "ajustador mecânico, com 5 anos de experiência".

- Experiência profissional: o que sabe fazer.

- Relação dos três últimos empregos.

- Formação escolar. Evitar informações sobre escolas de 1º e 2º graus, caso já tenha obtido certificação em níveis superiores (técnico, faculdade).

- Idiomas: grau de fluência.

- Local e data.

- Assinatura.

- Carta de apresentação à qual o currículo deve ser anexado.

10. Declaração

É prova escrita, documento, depoimento, explicação. Nele manifesta-se a opinião, conceito, resolução ou observação.

Como principais tópicos devem constar:

- título (DECLARAÇÃO...) em letra maiúscula;

- dados do declarante (nome, RG, CIC, residência, naturalidade);

- ato da declaração em si (fato que se quer ter como declarado);
- data (local, dia, meses e ano);
- assinatura (nome do declarante).

11. Memorando

Carta ligeira, enviada de um comerciante a outro. É bastante utilizado, também, para correspondência entre departamentos de uma mesma empresa, ou entre matriz e filiais e assim por diante. Esta forma de correspondência vem sendo substituída pelos *e-mails*.

As partes constitutivas a serem consideradas são:

- timbre;
- código (iniciais do departamento);
- número do memorando, seguido, geralmente, do ano;
- localidade;
- ementa (referência) ou assunto;
- nome do receptor;
- texto;
- cópias para os demais interessados ou envolvidos;
- assinatura;
- anexos.

Observações: A data pode ser por extenso ou abreviada. A forma do memorando varia, conforme a empresa, não havendo, portanto, rigidez absoluta da norma.

12. Ordem de Serviço

É uma comunicação feita para que seja executada determinada tarefa. A padronização e formulário varia de acordo com a empresa ou setor.

13. Procuração

É um documento que uma pessoa passa para alguém, a fim de representá-la, tratando de assuntos como recebimento junto a bancos, saque de dinheiro, inscrição em concursos, representação da pessoa junto a órgãos públicos e privados.

As partes constitutivas a serem consideradas são:

- nome, nacionalidade, estado civil, profissão, residência (cidade, estado), RG e CPF do outorgante;

- uso da expressão "Pelo presente instrumento de procuração constitui e nomeia seu bastante procurador...";

- nome, nacionalidade, estado civil, profissão, residência (cidade, estado), RG e CPF do outorgado;

- texto específico, onde se define a função a ser desempenhada pelo procurador;

- fecho "Realizando todos os atos necessários para esse fim, dando tudo por firme e valioso, a bem deste mandato" (Procurações Particulares);

- localidade e data: local, dia, mês e ano;
- assinatura com firma reconhecida (geralmente, sem firma reconhecida, uma procuração não possui valor legal).

14. Recibo

Documento que confessa ou declara o recebimento de alguma coisa.

As partes constitutivas a serem consideradas são:

- título: escreve-se a palavra RECIBO, no centro do papel;
- número (se tratar de empresa);
- valor: é colocado à direita do papel;
- texto: declaração de que recebeu (recebi ou recebemos), identificação daquele que pagou (nome, endereço, CPF ou CGC), valor por extenso, motivo do recebimento;
- local e data;
- assinatura: nome do recebedor. Sob o nome colocam-se endereço, CPF ou CGC;
- testemunha: utilizada quando necessário. Colocar nome, identificação e endereço.

Capítulo 5

Modelos de Documentos Comerciais

Modelo de Carta de Apresentação de Currículo

São Bernardo do Campo, 23 de janeiro de 2003.

COMANI S.A. COMÉRCIO DE MÁQUINAS INDUSTRIAIS
SÃO PAULO – SP.

A/C.: Departamento de Recrutamento e Seleção

REF.: ENCARREGADO DE MANUTENÇÃO

Conforme anúncio publicado no Diário de São Paulo, edição de Domingo, encaminho o meu Currículo para a vaga acima citada.

Envio as informações que acredito serem necessárias, a fim de promover uma primeira avaliação.

Aproveito, ainda, para complementá-las com um compromisso de disciplina e de determinação profissional, uma vez que, reconheço a competitividade da área solicitada, assim como sei que as minhas perspectivas de graduação e aperfeiçoamento dependem, em grande parte, da oportunidade que me for concedida.

Na expectativa de retorno positivo, agradeço a atenção e coloco-me à disposição para esclarecimentos e entrevista.

Atenciosamente,

Marcelo Cunha Pereira
4352-7781

Modelo de Carta Comercial

Cristiano Campos Administração Ltda.
Rua dos Patriotas, 266 - Ipiranga
03789-000 - São Paulo - SP.
(3456-2211 - Fax. 3456-2391
email ww@cristianocampos.com.br

São Paulo, 22 de março de 2003.

EDUARDO GALHARDO
Av. Torres do Sul, 4200 - 10º andar - conj. 1010
08950-015 - TORRES DO SUL - SP.

REF.: **RENOVAÇÃO DE ALUGUEL**

Prezado Sr. Gallardo:

Como é de seu conhecimento, o contrato de aluguel do conjunto de escritórios 1010 do edifício TORRES DO SUL expira em alguns meses, mais precisamente no dia 31 de outubro de 2003. Por esse motivo, estamos enviando em anexo um novo contrato de renovação de aluguel por mais três anos.

O novo contrato prevê um aumento de aluguel de **50%** (cinqüenta por cento). Esse aumento reflete o **índice mínimo de reajuste autorizado pelo Governo**.

Pedimos, caso não haja nenhum parecer em contrário, assinar ambas as cópias do contrato e devolver-nos. A fim de facilitar nosso planejamento para o próximo semestre, agradeceríamos se ambas as cópias, devidamente assinadas, nos fossem enviadas até 30 dias antes da data de expiração do contrato atual. Uma cópia assinada será devolvida para seus arquivos, posteriormente.

Em caso de alguma dúvida sobre as cláusulas do contrato, colocamo-nos ao seu dispor para esclarecimentos.

Atenciosamente,

CRISTIANO CAMPOS,
Diretor-Presidente

Modelo de Ata

EMPRESA XMLC
           CGC No. ....
      Ata da Assembleia Geral Ordinária realizada
no dia ... de....... de 20...

    Aos ... dias do mês de .... de 20..., às 15h, na sede social da companhia, na Rua .... no. ...., São Paulo, SP., reuniram-se em Assembleia Geral Ordinária os Acionistas da XMLC representando a totalidade do Capital com direito a voto, conforme consta do Livro de Presença de Acionistas. Assumiu a presidência, na forma dos Estatutos Sociais, o diretor-presidente, que convidou para secretariá-lo o sr. ..... Instalada a Assembleia Geral Ordinária, o sr. presidente informou que a Administração da Companhia estava representada por sua pessoa, justificando a ausência do Conselho Fiscal por ser o mesmo de funcionamento não permanente e não se achar em exercício. Em seguida, mandou proceder à leitura dos seguintes documentos: Relatório da Diretoria, Balanço Geral e Demonstrações Financeiras, referentes ao exercício social encerrado em .... de ....de 20..., publicados no Diário Oficial do Estado de São Paulo no dia ..... de 20.... O representante do Acionista Z propôs a seguinte Ordem do Dia: a) aprovação das Demonstrações Financeiras relativas ao exercício social findo em .... de ...... de 20....; b) fixação dos honorários da Diretoria; c) aprovação da correção da expressão monetária do Capital, mediante aumento do valor nominal das ações. d) destinação dos lucros acumulados no fim do período.
Dando início aos trabalhos, o sr. presidente colocou em discussão e, em seguida, em votação: o Relatório da Diretoria, o Balanço Geral e as Demonstrações Financeiras referentes ao exercício encerrado em .... de ...... de 20..., verificando-se sua integral aprovação, por unanimidade. Colocada em discussão e votação, foi a proposta aprovada por unanimidade. Nada mais havendo a tratar e ninguém querendo fazer uso da palavra, o sr. presidente interrompeu os trabalhos para lavratura da presente ata, que foi lida e aprovada, sendo assinada por todos os presentes.
Presidente:..............................; Secretário:......................;
Acionistas:..

Modelo de Aviso

AVISO

Aos funcionários dos turnos 5 x 2:

Comunicamos que a partir de 21.01.03 todos os funcionários deverão almoçar no restaurante da Ala V.

Atenciosamente,

RECURSOS HUMANOS

Modelo de Certificado

CERTIFICADO

A Consultoria COMUNIQUALITY, através de sua instrutora professora doutora Eleonora Alcântara Queirós, certifica que o sr. JOÃO PEDRO DE FREITAS RAMOS E SILVA frequentou o Curso de FORMAÇÃO DE AUDITORES SENIORES DE QUALIDADE, realizado no período de 12 de novembro de 2002 a 15 de janeiro de 2003, conforme exigência da Norma Série ISO-14.000.

Nº do Registro: xxxxxxx

São Paulo, 25 de janeiro de 2003.

COMUNIQUALITY
Consultoria e Treinamento Empresarial

Eleonora Alcantara Queirós

Prof. Dra. de Recursos Humanos

MBA nas Normas Série ISO

Modelo de Currículo

LUÍS HENRIQUE BOLIVAR

Rua Pinheiro Lemos, 86
Vila Prudente
03678-030 – SÃO PAULO – SP.

Brasileiro, 32 anos
Casado, 2 Filhos
2º Grau Técnico
(011) 262-3599

Objetivo/Área:
Ferramentaria/Ajustagem Mecânica/Operação de Máquinas

FORMAÇÃO ESCOLAR:

2º Grau Técnico em Mecânica – Escola Volkswagen – 1992.

HISTÓRICO PROFISSIONAL:

2 anos como Ajustador de Ferramentaria;

2,6 anos como Ajustador e Montador Mecânico;

6 anos como Operador de Células de Manufatura;

1 ano como Oficial Ferramenteiro (atual, em curso).

Exercendo atividades de leitura e interpretação de desenhos e conhecimentos em tecnologia CNC; manuseio de instrumentos de medições; manutenção de ferramentas de corte e repuxo; operação de máquinas (fresas, tornos, retíficas, fiatrizes, plainas, furadeiras, máquinas de soldar, calandras, serras, chanfradeiras, prensas etc.); fabricação e manutenção de elevadores prediais e equipamentos marítimos; montagem, desmontagem, manutenção e lubrificação de equipamentos mecânicos em geral.

FORMAÇÃO PROFISSIONAL:

- Processo de Produção – C.E.E.S. – São Paulo – 60 h/a – 2000.
- Qualidade PQ II – GAYAH – SP – 2 meses – 1995.

Modelo de Currículo

- Noções Básicas de Segurança – SENAI – Almirante Tamandaré – SBC – 10 h/a – 1994.

- Medição Industrial – SENAI – Jacob Lafer – Santo André – 50 h/a – 1994.

- Ajustador Mecânico – SENAI – Almirante Tamandaré – SBC – 40 h/a – 1993.

COLOCAÇÕES PROFISSIONAIS:

BORG WARNER DO BRASIL (São Bernardo do Campo – SP.)
Período: 03.05.94 (atual)
Cargo inicial: Operador de Células de Manufatura.
**Promoção: Oficial de Ferramentaria
(Ferramenteiro a partir de 06/00)**

ABC COMPANY (São Paulo – SP.)
Período: 17.06.92 a 21.09.93
Cargo: Montador Mecânico.

TE-TABESA DO BRASIL S/A (São Caetano do Sul – SP.)
Período: 02.02.87 a 03.05.91
Cargo: Ajustador Mecânico Ferramentaria.

LUÍS HENRIQUE BOLIVAR

Modelo de Declaração 1

DECLARAÇÃO

Comunicamos aos Bancos, Clientes, Órgãos Arrecadadores da Receita Federal, Estadual e Municipal e ao público em geral, que no dia 29.05.03, nossa agência nº 1193, sita na Avenida dos Sabarás, nº 265, nesta Capital, foi vítima de assalto à mão armada, no qual, além do dinheiro, foi roubada uma máquina de caixa, marca Cash Bank, sob nº CB.890.257.105, autenticadora de documentos nº PG.89BA391, sendo certo que a ocorrência foi registrada perante o 35º Distrito Policial desta Capital, no referido dia 29.05.03, conforme Boletim de Ocorrência nº BO.035-8061/01.

São Paulo, 30 de maio de 2003.

BANCO DA CIDADE – Agência 1193
C.G.C.: 015.293.111.458-02
I.E.:   234.614.952
Av. dos Sabarás, 265 – São Paulo – SP.

Modelo de Declaração 2

DECLARAÇÃO

Declaro que ANÍSIO BENTO SILVA, RG. 11.035.458, CPF. 089.000.713.987.00, residente à Rua das Flores, nº 56, Bairro Jardim, Santo André, São Paulo, trabalhou como pedreiro em minha residência no período de 10.10.02 a 31.01.03, não havendo nada que o desabone moral ou profissionalmente.

ANA MARIA GOMES FERREIRA
Rua Jaú, 901 – Bairro Palmares
09045-020 – SANTO ANDRÉ – SP.
RG. 013.888.00
CPF. 100.002.658.02

REDAÇÃO TÉCNICA EMPRESARIAL

Modelo de Memorando

MEMORANDO

PARA: **DEPARTAMENTO:**
Todos   Todos

DE: **DEPARTAMENTO:**
E.P. Gianini   Recursos Humanos

DATA: 04.07.03

ASSUNTO: FALTAS AO SERVIÇO POR MOTIVO DE DOENÇA

     Em vista dos abusos que se vêm verificando ultimamente, a partir de hoje as faltas ao serviço por motivo de doença deverão ser justificadas por meio de atestados médicos fornecidos pelo SUS ou pela GARDEN ASSISTÊNCIA MÉDICA, empresa que mantém convênio conosco.

     O não-cumprimento dessa exigência implicará, no mínimo, o desconto no salário, conforme previsto em Lei.

E.P. Gianini
Recursos Humanos

Modelo de Procuração

PROCURAÇÃO

....
(Nome)   (Nacionalidade)   (Estado Civil)

residente na ....
(rua/avenida/nº/complemento/bairro/cidade/Estado/CEP)

...., ...,

portador do RG Nº.., CPF nº

................................., pelo presente instrumento de procuração constitui e nomeia seu bastante procurador, o senhor

....,
(Nome)   (Nacionalidade)   (Estado Civil)

residente à ....
(rua/avenida/nº/complemento/bairro/cidade/Estado/CEP)

portador do RG. Nº.., CPF nº

.................................,(*) para proceder à matrícula no

.... ano (ou semestre), do Curso de ....,

da Faculdade ...., (**) realizando todos os atos necessários para esse fim, dando tudo por firme e valioso, a bem deste mandato.

.... ,......... , ... de 2...............
(Cidade)   (Dia)   (Mês)   (Ano)

....
(Assinatura com firma reconhecida)

(*)   Texto Específico
(**) Fecho fixo de procurações particulares.

Modelo de Recibo

RECIBO

R$ 25.000,00

Recebi do sr. Orlando Dias Paes, a importância de R$ 25.000,00 (vinte e cinco mil reais) como sinal de compra e princípio de pagamento da venda que lhe faço de uma casa, situada na Rua Formosa, 34, no Vila Formosa, nesta Cidade, Estado de São Paulo.

O preço da venda é de R$ 100.000,00 (cem mil reais), dos quais R$ 25.000,00 (vinte e cinco mil reais) ora pagos e recebidos: o restante, ou seja, R$ 75.000,00 (setenta e cinco mil reais), será pago pelo sr. Orlando Dias Paes da seguinte forma: R$ 25.000,00 (vinte e cinco mil reais), dentro de 90 (noventa) dias, ou seja, 30 de julho de 2003, no ato da escritura, que será lavrada no 14º Cartório de Notas desta Cidade; R$ 25.000,00 (vinte e cinco mil reais), no dia 30 de agosto de 2003, e R$ 25.000,00 (vinte e cinco mil reais), no dia 30 de dezembro de 2003.

Em caso de arrependimento, se por parte do vendedor, devolverá este em dobro o sinal ora recebido; e, se da parte do comprador, perderá este o sinal ora dado.

São Paulo, 28 de fevereiro de 2003.

André Felipe Camargo Dias
RG 010.257.891
CPF. 009.861.95600

Testemunhas:

....

....

Capítulo 6

Técnicas e Modelos de Redação Oficial

Princípios de Redação Oficial

1) Adoção de formatos padronizados.

2) Uso de digitação.

3) Emprego da ortografia oficial.

4) Clareza, precisão e sobriedade de linguagem.

5) Imparcialidade e cortesia.

6) Concisão na elucidação do assunto.

7) Transcrição dos dispositivos da legislação citados.

8) Parágrafos com entrada de 1,5 cm.

9) Espaço interlinear duplo para o texto.

10) Espaço simples (um) para citações ou transcrições.

11) Espaço duplo entre parágrafos.

12) Numeração dos parágrafos, com exceção do primeira parágrafo e do parágrafo final.

13) Cabeçalho ou timbre são os dizeres impressos na folha a ser usada para a impressão da correspondência.

14) Uso de diplomacia, mas sem chegar ao servilismo.

15) Inferior para superior redige:
"Solicitamos seja enviado ou providenciado".

16) Superior para inferior redige:
"Solicito envie ou providencie".

17) A ementa deve ser clara e concisa; localiza-se no alto, à direita.

18) Toda referência a elementos constantes de outros documentos deve ser feita citando-se a página ou folha onde se encontra.

19) Dividem-se em:

- avisos;
- circulares;
- despachos;
- exposições de motivos;
- informações;
- ofícios;
- memorandos;
- ordens ou instruções de serviços;
- papeletas;
- pareceres;
- portarias.

Apresentam itens (seguidamente numerados em algarismos arábicos), alíneas (letras), capítulos (numerados em algarismos romanos).

20) O fecho da informação contém: denominação do órgão em que tenha exercício o servidor; a data; a assinatura; o nome do servidor, por extenso, e o cargo, ou função.

Petição

Em sentido geral, significa pedido, reclamação ou requerimento, apresentado à autoridade administrativa ou judicial. Na linguagem jurídica, representa a formulação escrita do pedido, baseada no direito de uma pessoa e apresentada ao juiz competente. É, basicamente, um requerimento. Quando se trata de um primeiro requerimento, que dará início à ação judicial, chama-se Petição Inicial.

Ofício

É uma participação escrita em forma de carta que as autoridades das Secretarias endereçam seus subordinados. É um meio de comunicação por escrito dos órgãos do serviço público. O que o dis-tingue de uma carta é o caráter oficial de seu conteúdo.

São partes de um ofício:

- timbre ou cabeçalho: dizeres impressos na folha, símbolo (escudo, armas);

- índice e número: iniciais do órgão que expede o ofício, seguidas do número de ordem do documento. Separa-se o índice do número por uma diagonal. O número do ofício e o ano também são separados por hífen:

"Of. nº DRH/601-02."

- local e data: na mesma altura do índice e do número. Coloca-se ponto após o ano;

- assunto ou ementa: só justificável quando o documento for extenso;

- vocativo ou invocação: tratamento ou cargo do destinatário. Na correspondência oficial não se usa "Prezado Senhor";

- texto: exposição do assunto. Se o texto for longo, pode-se numerar os parágrafos e na folha seguinte escreve-se o número do ofício e o número da folha;

- fecho ou cumprimento final: não será numerado;

- assinatura: nome do signatário, cargo e função. O designativo de cargo ou função deve ser separado por vírgula do nome do destinatário, pois se trata de um aposto;

- anexos: se o ofício contém anexos, colocar, por exemplo "/3" (contém três anexos) ou se tratar de um anexo somente, colocar: "Anexa: nota-fiscal";

- endereço: fórmula de tratamento, nome civil do receptor e cargo ou função do signatário, seguidos de localidade e do destino. Ao final do endereço, colocar ponto;

- Iniciais: primeiras letras dos nomes e sobrenomes do redator e do datilógrafo, em letras maiúsculas e minúsculas, respectivamente. Exemplo:

JJR/mfb (redator e digitador) ou /MFB (quando redigido e digitado pela mesma pessoa).

Requerimento

É todo pedido que se encaminha à uma autoridade do serviço Público.

O requerimento deve ser feito em papel simples ou duplo, mas o formato será o almaço, com pauta (se manuscrito) ou sem pauta (se digitado).

Evita-se, porém, o uso de tinta vermelha.

Entre a invocação e o texto deve haver espaço para o despacho: sete linhas (em caso de papel pautado) ou sete espaços duplos (se o papel for sem pauta – digitado).

Foram abolidas as expressões: "abaixo assinado" e "muito respeitosamente".

Evitem-se as formas: "estabelecido à", "residente à", "sito à". A preposição correta é "em".

Componentes do requerimento:

- invocação: forma de tratamento, cargo e órgão a que se dirige: "Ilustríssimo senhor: diretor do Departamento de Cultura da Prefeitura de Mauá". Não se menciona no vocativo o nome da autoridade e não se coloca nenhuma fórmula de saudação após o vocativo;

- texto: nome do requerente, sua filiação, naturalidade, estado civil, profissão e residência (Estado, cidade, rua, n°). Acrescente-se ainda a exposição do que se deseja, justificativa (fundamentada em citações e outros documentos);

- fecho: "NESTES TERMOS PEDE DEFERIMENTO" em letras maiúsculas, ou: "ESPERA DEFERIMENTO", "AGUARDA DEFERIMENTO", "TERMOS EM QUE PEDE DEFERIMENTO";

- local e data;
- assinatura;
- observação: Evite-se o termo "PEDE E AGUARDA DEFERIMENTO", pois ninguém pede e se recusa a aguardar.

Capítulo 6: Técnicas e Modelos de Redação Oficial

Modelo de Ofício

(TIMBRE OU CABEÇALHO)

5,5 cm

6,5 cm

Ofício nº SG-PR/524-04
2,5 cm

Brasília, 27 de fevereiro de 2002.

1,5 cm

10 cm

Senhor Deputado,

1,5 cm

5 cm

1. Em complemento às observações transmitidas pelo telegrama nº 154, de 12 de dezembro último, informo Vossa Excelência de que as medidas mencionadas em sua carta nº 6.708, dirigida ao Senhor Presidente da República, estão amparadas pelo procedimento administrativo de demarcação de terras indígenas instituído pelo Decreto nº 22, de 4 de fevereiro de 1991 (cópia anexa).
2. Em sua comunicação, Vossa Excelência ressaltava a necessidade de que – na definição e demarcação das terras indígenas – fossem levadas em consideração as características socioeconômicas regionais.
3. Nos termos do Decreto nº 22, a demarcação de terras indígenas deverá ser precedida de estudos e levantamentos técnicos que atendam ao disposto no art. 231, § 1º, da Constituição Federal. Os estudos deverão incluir os aspectos etno-históricos, sociológicos, cartográficos e fundiários. O exame deste último aspecto deverá ser feito

conjuntamente com o órgão federal ou estadual competente.

4. Os órgãos públicos federais, estaduais e municipais deverão encaminhar as informações que julgarem pertinentes sobre a área em estudo. É igualmente assegurada a manifestação de entidades representativas da sociedade civil.

1,5 cm

2 cm

A Sua Excelência o Senhor
Deputado (Nome)
Câmara dos Deputados
70160-000 Brasília – DF.

MFB/mfb

Modelo de Requerimento

(2 cm)

Ilmo. Sr.
Diretor do Pessoal de Ministério da Educação e Cultura:

(7 cm – 7 a 10 espaços)

(11 toques ou 3 cm)
  Carlos Alberto, que atualmente ocupa o cargo de servente, nível 4, com exercício no Departamento de Ensino de 2º Grau, requer a V.Sa. se digne conceder-lhe Auxílio-Doença, nos termos do artigo 143, do estatuto dos Funcionários Públicos Civis da União, por se encontrar licenciado para tratamento de saúde por mais de 12 meses, em consequência de doença prevista no artigo 104, da Lei nº 1.711/52.

(5 a 7 toques ou 2 cm)
(12 toques ou 3 cm)

(2 espaços duplos ou 4 cm)   NESTES TERMOS
           PEDE DEFERIMENTO

(3 espaços duplos ou 5 cm)

       São Paulo, ... de .... de 2002.

(3 espaços duplos ou 5 cm)

....
(assinatura do requerente)

REDAÇÃO TÉCNICA COMERCIAL

Capítulo 7

Esquema de Pesquisa e Relatório

Atualmente, seja na área profissional ou acadêmica, temos que, muitas vezes, elaborar textos mais extensos como uma pesquisa e, para isso, devemos observar detalhes como:

Orientações para o Desenvolvimento de uma Pesquisa

1) procurar reservar pelo menos uma hora no final de semana para dedicar-se aos estudos e rever os conteúdos desenvolvidos durante a semana;

2) instalar-se em um local calmo, longe de barulhos ou qualquer coisa que o distraia;

3) ter todo seu material à mão para evitar interrupções;

4) procurar repassar todas as matérias e anotar as dúvidas que tiver para perguntar ao professor;

5) somente a perseverança e a dedicação levam ao sucesso.

Para uma pesquisa adequada, leve em consideração as etapas abaixo:

a. Técnica de estudo

"A": de atento e em silêncio faço a leitura;

"B": de busco as ideias principais do texto;

"C": de conto (escrevo) com as minhas palavras o que entendi.

b. Orientações para estudo de um texto

- Leia o texto rápida e silenciosamente para obter uma visão global do assunto.

- Faça uma segunda leitura para levantar dúvidas, assinalando palavras ou expressões desconhecidas, trechos de difícil compreensão, aspectos importantes.

- Elimine suas dúvidas, discutindo com os colegas, consultando dicionários, buscando outras fontes bibliográficas ou recorrendo ao professor.

- Retire de cada material selecionado as ideias que lhe serão úteis.

- Faça um resumo com suas próprias palavras sobre as informações colhidas.

- Elabore uma lista de livros e demais documentos consultados, contendo: nome do autor, título do livro, capítulo, página, editora, local de edição, data de edição. Esta lista formará a bibliografia, pois toda pesquisa tem uma bibliografia.

Exemplo:

MOURA, Faraco. **Literatura e Gramática**. Volume 1, cap. II. São Paulo: Editora Ática, 1995, p. 45.

BANASS, Robert. **Os cientistas precisam escrever**. Trad. Leila Novaes Hegenberg. São Paulo: T. Queiroz/Edusp, s.d.

CARVALHO, M. C. M. (org.). **Construindo o saber**. Técnicas de Metodologia Científica. Campinas: Papirus, 1988.

Observações:

- sempre faça sua bibliografia seguindo a ordem alfabética dos sobrenomes dos autores;

- apresente a pesquisa, cuidando dos seguintes aspectos:

    1) capa;

    2) limpeza e numeração de páginas;

    3) organização;

    4) clareza das ideias;

    5) correção gramatical;

    6) letra legível.

c. Produção e interpretação de textos

Na produção e interpretação de textos, leve em conta:

- **Leitura silenciosa**

    Concentra-se na leitura; em realmente **ler** o texto.

- **Discussão de ideias**

    Colaborar positivamente, expondo o que entendeu e questionando em caso de dúvidas.

- **Propor-se a tentar fazer o que se pede**

    Este é o momento de pôr em prática o que você aprendeu e, neste caso, vale acertar ou errar.

- **Rascunhar o texto**

  Escreva tudo o que deseja e depois reescreva até chegar a um texto que atenda às suas necessidades.

- **Reler o texto antes de passar a limpo ou entregar ao professor**

  É você o primeiro leitor do texto. Não escreva apenas para o professor corrigir.

  Escreva pensando em quem vai ler o seu texto – um leitor virtual.

- **Tome cuidado com a limpeza e a organização**

  Ninguém gosta de ler um texto rasurado e ilegível.

- **Reescreva seu texto**

  Observe as anotações feitas pelo professor, leia-as, tire dúvidas quanto à correção e refaça o que lhe for solicitado.

Elementos e Apresentação de uma Pesquisa

Uma pesquisa não é simplesmente "cópia" de algum livro, trecho ou parágrafo. Ela existe em função da aquisição de conhecimento e informações diferentes sobre algum assunto e deve seguir alguns passos básicos, preestabelecidos por **normas que devem ser seguidas**, independente de acharmos que possam ser dispensadas.

A pesquisa envolve técnica, expressividade, relacionamento de ideias e síntese de informações. Portanto, o primeiro passo para uma pesquisa é ter em mente que você estará redigindo, com suas palavras, o que entendeu de textos técnicos, científicos e que informações soltas não estabelecem nem conhecimento e, muito menos, confecção de uma pesquisa.

Componentes de uma pesquisa

Capa de Rosto

- Possui indicações do título da pesquisa, de preferência centralizado na folha, com o nome do solicitante da mesma centralizado logo baixo do título e o nome do pesquisador, no final da folha.

  Deve-se utilizar uma letra maior (fonte maior) para o título.

Índice ou Sumário

- O índice ou sumário corresponde à página 2, é uma referência importante para orientar o leitor e deve conter: à esquerda, o assunto que está sendo pesquisado e, à direita, o número da página onde o mesmo se encontra.

Introdução

- Também chamada de Prefácio, corresponde à apresentação do tema da pesquisa e um breve resumo do conteúdo da mesma.

Desenvolvimento

- Corresponde ao corpo do trabalho e pode ser dividido por itens, assuntos, tópicos, devendo ser separados por espaços, com letras maiúsculas e podendo ser enumerados. Se dentro de um item houver subitens, deve-se enumerá-los, como no relatório.

Parecer e Comentários

- Neste caso, depois de concluída a exposição dos dados pesquisados, coloca-se um parecer sobre o assunto, dando sua opinião sobre o mesmo, porém embasando-a no que foi pesquisado, ou seja, faz-se um pequeno texto dissertativo (argumentativo) sobre o que foi estudado.

    Lembre-se de que "achismo", isto é, o famoso "eu acho que", ou "na minha opinião", não se enquadram neste caso.

Bibliografia

- Não existe pesquisa, seja ela técnica ou científica, onde não apareça a bibliografia. Neste caso, devem-se relacionar as obras que foram pesquisadas, seguindo normalização técnica para apresentação da mesma. Não adianta arrolar uma série de obras somente para fazer volume na bibliografia; citam-se, pelo menos, três obras consultadas, realmente.

Tenha certeza de que o leitor saberá identificar uma pesquisa séria de uma pesquisa feita apenas ao "acaso".

Etapas de uma pesquisa

Para que uma pesquisa seja bem elaborada devemos ter em mente as seguintes etapas:

1) delimite claramente o tema de sua pesquisa (tenha bem claro em sua mente o que você deve pesquisar);

2) faça um levantamento de palavras e ideias relacionadas ao tema que poderão auxiliá-lo a procurar documentos para consulta (livros, vídeos, catálogos, revistas, artigos etc.);

3) localize na biblioteca, os documentos disponíveis ao tema que provavelmente atenderão às suas necessidades;

4) analise os livros selecionados, lendo as capas, orelhas, o prefácio e o sumário, escolhendo capítulos que possam conter as informações desejadas lendo, de cada capítulo selecionado: o título, o primeiro parágrafo, os subtítulos, quadros e tabelas e o último parágrafo para verificar se contém os dados que você busca;

5) estude cada capítulo e só mude de parágrafo quando você tiver certeza de que entendeu o que leu;

6) analise os demais documentos que separou e proceda como citado acima (itens "4" e "5");

7) faça um resumo contendo informações levantadas dos diversos documentos;

8) releia o seu resumo e procure não só corrigir o agrupamento de ideias, a clareza e coesão do texto, mas também deslizes gramaticais como ortografia de palavras, concordância, pontuação inadequada. No caso de dúvidas, existem instrumentos como **Dicionário** e **Gramática** que podem auxiliá-lo;

9) elabore a lista dos livros e demais documentos consultados (de verdade);

10) cuide da limpeza, organização e legibilidade do trabalho. Não faça rasuras, entregue seu

trabalho à caneta (sempre), datilografado ou digitado dentro de padrões oficiais e, não use radex, corretor, "tintinha", "branquinho", ou seja, lá o que for;

11) entregue seu trabalho na data estabelecida pelo professor e, lembre-se de que, caso isto não aconteça, ele terá total liberdade de não recebê-lo mais, uma vez que, para uma pesquisa é dado tempo suficiente para que a mesma seja elaborada e, portanto, os atrasos são injustificáveis;

12) cabe ao professor, também, determinar se a pesquisa será tema de algum debate ou prova, seja em grupo ou individual, podendo o mesmo solicitar a apresentação da mesma, pois pesquisa não é apenas anotações em papel, é uma forma de se estudar e de se adquirir conhecimentos.

Esquema de Relatório

Todo Relatório, seja ele Técnico, Administrativo ou Científico, varia conforme as praxes de uma empresa. No entanto, deve obedecer a alguns pontos básicos, determinados por livros de correspondência técnica e pela ABNT.

Abertura

Coloca-se local e data da redação do relatório e o vocativo (a quem o documento se destina).

Exemplo:

"São Bernardo do Campo, 23 de janeiro de 2001.
Professor João Pedro."

Introdução

Especifica-se o fato a ser investigado, quem determinou tal investigação e quem foi incumbido de tal responsabilidade. Deve-se também citar local e data do mesmo e, no caso de um grupo, os verbos devem aparecer na primeira pessoa do plural (Nós).

Exemplo:

"Em visita à oficina C. N. C., no dia 20.01.02, os alunos do 1º TMC foram incumbidos pelo professor de observarem, esclarecerem dúvidas e anotarem sobre o funcionamento do Torno XKY."

Desenvolvimento

Especifica-se, detalhadamente, as etapas do processo observado, indicando-as por itens e subitens.

Exemplo:

2. Alguns colegas serviram de monitores e nos mostraram as partes de um torno, que são: ...., ..., ...,

ou

2. Alguns colegas serviram de monitores e nos mostraram as partes de um torno, que são:

2.1. .... (desenho a seguir Anexo I, se for colocado depois)

2.2 ....

2.3 ....

3. ....

4. ....

5. ....

Conclusão

Coloca-se o parecer com sugestões e críticas de maneira pessoal, mas com embasamento no assunto.

Fecho

Forma polida e educada de despedir-se e colocar-se à disposição para qualquer esclarecimento.

Exemplo:

Coloco-me à disposição para possíveis esclarecimentos.

ou

Atenciosamente,

ou

Cordialmente

João Pedro Vieira
Instrutor de Mecânica Aplicada II
(Nome e cargo do elaborador do relatório)

Observação: Atualmente não se divide o relatório por partes, como se fazia há alguns anos.

Tipos de Relatórios

Relatório administrativo

Neste tipo de relatório temos a exposição pormenorizada de fatos ou ocorrências de ordem administrativa. Compreende:

1) Abertura.

2) Introdução:

Que inclui a indicação do fato investigado, da autoridade que determinou a investigação e do funcionário disso incumbido; enuncia, portanto, o propósito do relatório.

3) Desenvolvimento:

Relato pormenorizado dos fatos apurados, com data, local, método adotado na apuração e discussão.

4) Conclusão e recomendações de providências cabíveis.

Relatório técnico e científico:

Ele é composto por:

1) sumário;

2) introdução;

3) desenvolvimento ou corpo do relatório;

4) conclusão;

5) recomendações;

6) anexos e apêndices.

Nele, deve haver:

1) Uma página dedicada às informações como: título do relatório, nome da entidade, data, nome do autor, nome do destinatário.

2) Sumário:

Nele são indicadas as principais subdivisões e a numeração das páginas.

3) Introdução:

Apresentar aqui o objeto e objetivo do relatório e suas circunstâncias de composição.

4) Desenvolvimento:

Parte dedicada à descrição do conteúdo.

5) Conclusão:

Manifestar o resultado do estudo apresentado (tecnicamente).

6) Anexos:

Englobam gráficos, tabelas, desenhos, quadros, ilustrações.

O que deve constar da introdução:

1) Exposição:

Define o assunto a que o relatório refere-se.

2) Finalidade:

Quais as metas que o relatório pretende alcançar.

3) Método:

Como foram coletadas as informações?
Explique os procedimentos adotados.

4) Justificação:

Por que o relatório foi escrito?
Quem autorizou a sua execução?

5) Definição de termos:

As palavras específicas devem ser definidas para evitar qualquer dúvida, mesmo que tenha de ser feito um glossário no final do relatório.

Estilos de Relatórios

Todos os relatórios possuem seu estilo, mas devem apresentar as seguintes características:

1) O texto deve ser claro, conciso e refletir a necessária atenção à gramática, sintaxe e propriedade de expressão.

2) Deve apresentar estilo formal, que implica em:

- Ausência de pronomes pessoais (Eu, Tu, Ele, Nós, Vós, Eles).

- Inexistência de abreviações.
- Rejeição aos estrangeirismos (somente os use se fizerem parte de termos técnicos).
- Ausência de gírias ou coloquialismo.
- Uso dos verbos flexionados na terceira pessoa do plural (Nós), preferencialmente.
- Preferência pela voz ativa.
- Evitar o estilo floreado (estilo pomposo e impressionante, mas nada comunicativo).

Como Despertar o Interesse

1) O relatório deve ser fácil de ler.
2) Quanto mais legível, maior a eficácia.
3) A distribuição da apresentação da matéria de forma estética desperta a atenção do leitor.
4) Varie a extensão dos parágrafos.

Escrever uma sequência de parágrafos curtos torna cansativa a leitura.

O oposto – escrever parágrafos muito compridos, intermináveis – não só prejudica a rapidez da informação, como também cansa o leitor, que acaba rejeitando o relatório.

Capítulo 8

Tópicos Gramaticais Importantes

Com a implementação da Reforma Ortográfica 2009, vale a pena observar e rever os conceitos que utilizamos no nosso cotidiano, a seguir, temos as modificações efetuadas.

Revisão Ortográfica para 2009

Mudanças no alfabeto

O alfabeto passa a ter 26 letras. Foram reintroduzidas as letras k, w e y. O alfabeto completo passa a ser:

A B C D E F G H I J K L M N O P Q R S T U V W X Y Z

As letras k, w e y, que na verdade não tinham desaparecido da maioria dos dicionários da nossa língua, são usadas em várias situações. Por exemplo:

a) na escrita de símbolos de unidades de medida: km (quilômetro), kg quilograma), W (watt);

b) na escrita de palavras e nomes estrangeiros (e seus derivados): show, playboy, play-ground, windsurf, kung fu, yin, yang, William, kaiser, Kafka, kafkiano.

Trema

Não se usa mais o trema (¨), sinal colocado sobre a letra u para indicar que ela deve ser pronunciada nos grupos **gue, gui, que, qui.**

Como era:	Como fica:
agüentar	aguentar
argüir	arguir
bilíngüe	bilingue
cinqüenta	cinquenta
delinqüente	delinquente
eloqüente	eloquente
ensangüentado	ensanguentado
eqüino	equino
freqüente	frequente
lingüeta	lingueta
lingüiça	linguiça
qüinqüênio	quinquênio
sagüi	sagui
seqüência	sequência
seqüestro	sequestro
tranqüilo	tranquilo

No entanto, o trema permanece apenas nas palavras estrangeiras e em suas derivadas. Exemplos: Müller, mülleriano.

Mudanças nas regras de acentuação

1. Não se usa mais o acento dos ditongos abertos éi e ói das palavras paroxítonas (palavras que têm acento tônico na penúltima sílaba).

Como era:	Como fica:
alcalóide	alcaloide
alcatéia	alcateia
andróide	androide
apóia (verbo apoiar)	apoia
apoio (verbo apoiar)	apoio
asteróide	asteroide
bóia	boia
celulóide	celuloide
colméia	colmeia
estréia	estreia
heróico	heroico
idéia	ideia
jibóia	jiboia
jóia	joia
odisséia	odisseia
paranóia	paranoia
paranóico	paranoico
platéia	plateia
tramóia	tramoia

CUIDADO!

Essa regra é válida somente para palavras paroxítonas. Assim, continuam a ser acentuadas as palavras oxítonas terminadas em **éis, éu, éus, ói, óis**. Exemplos: papéis, herói, heróis, troféu, troféus.

2. Nas palavras paroxítonas, não se usa mais o acento no **i** e no **u** tônicos quando vierem depois de um ditongo.

Como era:	Como fica:
baiúca	baiuca
bocaiúva	bocaiuva
cauíla	cauila
feiúra	feiura

Atenção: se a palavra for oxítona e o **I** ou **U** estiverem em posição final (ou seguidos de s), o acento permanece.

Exemplos: tuiuiú, tuiuiús, Piauí.

Quanto as demais regras das paroxítonas, estas permanecem inalteradas

3. Não se usa mais o acento que diferenciava os pares: pára/para, péla(s)/pela(s), pêlo(s)/pelo(s), pólo(s)/polo(s) e pêra/pera.

No entanto, permanece o acento diferencial em pôde/pode. Pôde é a forma do pretérito perfeito do indicativo, na 3ª pessoa do singular; Pode é o verbo poder no presente do indicativo, na 3ª pessoa do singular.

Ainda permanecem os acentos diferenciais nos seguintes casos?

Permanece o acento diferencial

- Em pôr/por. Pôr é verbo. Por é preposição. Permanecem os acentos que diferenciam o singular do plural dos verbos ter e vir, assim como de seus derivados (manter, deter, reter, conter, convir, intervir, advir etc.).

- É facultativo o uso do acento circunflexo para diferenciar as palavras forma/fôrma.

4. Não se usa mais o acento agudo no **u** tônico das formas (tu) arguis, (ele) argui, (eles) arguem, do presente do indicativo dos verbos arguir e redarguir.

5. Há uma variação na pronúncia dos verbos terminados em **guar, quar e quir**, como aguar, averiguar, apaziguar, desaguar, enxaguar, obliquar, delinquir etc. Esses verbos admitem duas pronúncias em algumas formas do presente do indicativo, do presente do subjuntivo e também do imperativo.

Veja:

a) Se forem pronunciadas com **a** ou **i** tônicos, essas formas devem ser acentuadas.

Exemplos:

- verbo enxaguar: enxáguo, enxáguas, enxágua, enxáguam; enxágue, enxágues, enxáguem.

- Verbo delinquir: delínquo, delínques, delínque, delínquem; delínqua, delínquas, delínquam.

b) se forem pronunciadas com **u** tônico, essas formas deixam de ser acentuadas.

Exemplos (a vogal sublinhada é tônica, isto é, deve ser pronunciada mais fortemente que as outras):

- Verbo enxaguar: enxaguo, enxaguas, enxagues, enxaguem.

- Verbo delinquir: delinquo, delinques, delinque, delinquem; delinqua, delinquas, delinquam.

No Brasil, a pronúncia mais corrente é a primeira, aquela com **a** e **i** tônicos.

Uso do hífen

Algumas regras do uso do hífen foram alteradas pelo novo Acordo. Mas, como se trata ainda de matéria controvertida em muitos aspectos, para facilitar a compreensão dos leitores, apresentamos um resumo das regras que orientam o uso do hífen com os prefixos mais comuns, assim como as novas orientações estabelecidas pelo Acordo.

As observações a seguir referem-se ao uso do hífen em palavras formadas por prefixos ou por elementos que podem funcionar como prefixos, como: aero, agro, além, ante, anti, aquém, arqui, auto, circum, co, contra, eletro, entre, ex, extra, geo, hidro, hiper, infra, inter, intra, macro, micro, mini, multi, neo, pan, pluri, proto, pós, pré, pró, pseudo, retro, semi, sobre, sub, super, supra, tele, ultra, vice etc.

1. Com prefixos, usa-se sempre o hífen diante de palavra iniciada por **h**.

   Exemplos:

   anti-higiênico

   anti-histórico

   co-herdeiro

   macro-história

   mini-hotel

   proto-história

   sobre-humano

   super-homem

   ultra-humano

   Exceção: subumano (nesse caso, a palavra humano perde o **h**).

2. Não se usa o hífen quando o prefixo termina em vogal diferente da vogal com que se inicia o segundo elemento.

   Exemplos:

   aeroespacial

   agroindustrial

   anteontem

   antiaéreo

   antieducativo

   autoaprendizagem

   autoescola

autoestrada

autoinstrução

coautor

coedição

extraescolar

infraestrutura

plurianual

semiaberto

semianalfabeto

semiesférico

Exceção: o prefixo **co** aglutina-se em geral com o segundo elemento, mesmo quando este se inicia por **o**: coobrigar, coobrigação, coordenar, cooperar, cooperação, cooptar, coocupante etc.

3. Não se usa o hífen quando o prefixo termina em vogal e o segundo elemento começa por consoante diferente de **r** ou **s**.

Exemplos:

anteprojeto

antipedagógico

autopeça

autoproteção

coprodução

geopolítica

microcomputador

pseudoprofessor

semicírculo

semideus

seminovo

ultramoderno

PORÉM... com o prefixo **vice**, usa-se sempre o hífen. Exemplos: vice-rei, vice-almirante etc.

4. Não se usa o hífen quando o prefixo termina em vogal e o segundo elemento começa por **r** ou **s**. Nesse caso, duplicam-se essas letras.

Exemplos:

antirrábico

antirracismo

antirreligioso

antirrugas

antissocial

biorritmo

contrarregra

contrassenso

cosseno

infrassom

microssistema

minissaia

multissecular

neorrealismo

neossimbolista

semirreta

ultrarresistente.

ultrassom

5. Quando o prefixo termina por vogal, usa-se o hífen se o segundo elemento começar pela mesma vogal.

Exemplos:

anti-ibérico

anti-imperialista

anti-inflacionário

anti-inflamatório

auto-observação

contra-almirante

contra-atacar

contra-ataque

micro-ondas

micro-ônibus

semi-internato

semi-interno

6. Quando o prefixo termina por consoante, usa-se o hífen se o segundo elemento começar pela mesma consoante.

Exemplos:

    hiper-requintado

    inter-racial

    inter-regional

    sub-bibliotecário

    super-racista

    super-reacionário

    super-resistente

    super-romântico

- Nos demais casos não se usa o hífen.
  Exemplos: hipermercado, intermunicipal, superinteressante, superproteção.

- Com o prefixo **sub**, usa-se o hífen também diante de palavra iniciada por **r**: sub-região, sub-raça etc.

- Com os prefixos **circum** e **pan**, usa-se o hífen diante de palavra iniciada por **m, n** e **vogal**: circum-navegação, pan-americano etc.

7. Quando o prefixo termina por consoante, não se usa o hífen se o segundo elemento começar por **vogal**.

Exemplos:

    hiperacidez

    hiperativo

    interescolar

    interestadual

interestelar

interestudantil

superamigo

superaquecimento

supereconômico

superexigente

superinteressante

superotimismo

8. Com os prefixos *ex, sem, além, aquém, recém, pós, pré, pró,* usa-se sempre o hífen.

Exemplos:

além-mar

além-túmulo

aquém-mar

ex-aluno

ex-diretor

ex-hospedeiro

ex-prefeito

ex-presidente

pós-graduação

pré-história

pré-vestibular

pró-europeu

recém-casado

recém-nascido

Capítulo 8: Tópicos Gramaticais Importantes

Acentuação	Acentuam-se os Terminados em:	Exemplos
Ditongo Oral Aberto:	"éi", "ói", "éu" (em qualquer posição)	Não se acentua mais. ceu, geleia, jiboia.
Hiato:	"i" e "u" sozinhos na sílaba ou seguidos de "s".	saída, faísca, juízes, saúde.
	Obs.:[1] "i" antes de "nh" não se acentua.	Porém, conforme a Obs.[1], Rainha, tainha, campainha não recebem acento.
Monossílabas Tônicas:	"a" e "o" (seguidos ou não de "s")	fé, más, pó, pá, pés.
Oxítonas:	"a" e "o" (seguidos ou não de "s") "em"/"ens"	vatapá(s), você(s), dominó(s), também, reféns.
Paroxítonas Terminadas em:	R I N L U X Ã O (s) (s) (s) um, uns, ditongo, ps	Mártir, júri, pólen, bônus, látex, ímã, órgão, fórum, álbuns, cárie, sócio, carência, tríceps.
Proparoxítonas:	Todas as palavras são acentuadas, sem exceção.	Gramática, psicólogo, matemática, sociólogo.
Trema:	Não se utiliza mais.	Frequência, lingueta, pinguim, sequestro, aguentar, arguição, linguiça, sequência, delinquência, cinquenta.

			Uso de "Por Que", "Por Quê", "Porque" e "Porquê"
Por que	(a) Orações interrogativas diretas (b) Orações interrogativas indiretas (c) Pronome relativo	• Por que ela viajou? • Não sei por que ela viajou (por que motivo). • O caminho por que passei era ruim. (= pelo qual) que (pronome relativo) por (preposição)	
Por quê	Grafa-se separadamente com acento quando ocorrer no final de frases interrogativas diretas e indiretas e quando houver pausa.	• Ela saiu cedo, por quê? • Pedro saiu? Por quê? • Vocês não conversaram com o diretor, por quê? • Não sei por quê, ele não veio.	
Porque	Usa-se nas respostas explicativas. Pode ser substituído por: "pois". Grafa-se numa única palavra, quando for empregada como conjunção causal ou explicativa.	• Ele saiu cedo, porque tinha uma reunião. • Ele foi reprovado, porque não estudou.	
Porquê	Grafa-se numa única palavra e acentua-se, quando for substantivo. Pode ser substituído pelo substantivo "motivo".	• Não sei o porquê de sua rebeldia. • Seria interessante saber o porquê de sua tristeza.	

Concordância Nominal

Tipo de Construção:

Substantivos de mesmo gênero + adjetivo.

Regra:
- O adjetivo vai para o plural do gênero dos substantivos (concordância gramatical).
- O adjetivo concorda com o substantivo mais próximo (concordância atrativa).

Exemplo:
- A cantora e a jornalista famosas.
- A cantora e a jornalista desconhecida.

Substantivo de gêneros diferentes + adjetivo.

Regra: adjetivo pode ir para o masculino plural ou pode concordar com o substantivo mais próximo.

Exemplo:
- Revista e livro velhos.
- Revista e livro velho.

Adjetivo anteposto aos substantivos.

Regra: adjetivo concorda em gênero e número com o substantivo mais próximo.

Exemplo:
- Encontramos abandonadas as cidades e os vilarejos.
- Encontramos abandonada a cidade e os vilarejos.
- Encontramos abandonado o vilarejo e as cidades.
- As amáveis Lúcia e Cláudia são gêmeas.

Adjetivo composto (adjetivo + adjetivo).

Regra: varia o último adjetivo (exceção azul-marinho que é invariável).

Exemplo:
- Ternos azul-claros.
- Sapatos marrom-escuros.
- Ternos azul-marinho.

Concordância Nominal

Tipo de Construção:

Adjetivo composto (adjetivo + Substantivo).

Regra: os dois elementos ficam invariáveis.

Exemplo:
- Ternos verde-oliva.
- Saias vermelho-sangue.
- Blusas amarelo-ouro.
- Sapatos marrom-café.

Adjetivo composto pela expressão "cor de" escrita ou oculta.

Regra: fica sempre invariável.

Exemplo:
- Folhas laranja (cor-de-laranja).
- Sonhos rosa (cor-de-rosa).

Menos, alerta e pseudo.

Regra: palavras invariáveis.

Exemplo:
- Tenho menos roupa hoje.
- Eles estão alerta.
- É uma pseudo-heroína.

Bastante.

Regras:
- Como advérbio é invariável.
- Como pronome concorda com o substantivo.

Exemplo:
- Elas estão bastante chateadas.
- Eles fizeram bastantes perguntas.

Meio.

Regras:
- Como advérbio é invariável (um pouco, um tanto).
- Como numeral adjetivo concorda com o substantivo (metade).

Exemplo:
- São pessoas meio caretas.
- Bebeu meia garrafa de vinho.

Concordância Nominal

Tipo de Construção:

Anexo, anexo incluso.

Regra: são palavras adjetivas e concordam com os substantivos a que se referem (excessão em anexo).

Exemplo:
- Anexos vão os formulários.
- Trouxe anexas as fotografias que você pediu.

Mesmo, próprio, grato, obrigado.

Regra: todas essas palavras são variáveis e concordam em gênero e número com o substantivo a que se referem.

Exemplo:
- Ela mesma fará o trabalho.
- A moça ficou grata.
- Ela falou muito obrigada.

Quite, extra.

Regra: concordam com a palavra a que se refere.

Exemplo:
- Estou quite com você.
- Estamos quites com ele.
- Tenho muitos trabalhos extras este mês.

É proibido, é bom, é necessário e outras expressões semelhantes.

Regra: quando o sujeito não vier precedido de artigo, fica no masculino.

Exemplo:
- Fumar é proibido.
- Água é bom.
- É necessário prudência.

Mas no caso do artigo, a expressão vai para o feminino:
- É proibida a entrada de pessoas estranhas.
- A água é boa.
- Esta pimenta é boa.

Crase

Truques Práticos

Ir

Laura vai { à fazenda / à feira / à festa

Voltar

Laura voltou { à fazenda / à feira / à festa

Irei à Bahia
(Volto da Bahia =
da = crase há)

Irei a Pernambuco
(Volto de Pernambuco =
de = crase para quê?)

Observação:

Se volto da
"crase há"

Se volto de
crase "para quê"

Dirigiu-se à Bélgica
(Voltou da Bélgica)

Fui a várias cidades.
(Voltei de várias cidades)

Neste caso, há somente
a preposição do verbo.

Conclusão: "a" (sem o s)
seguido de plural,
é apenas preposição.

Recapitulando:

Vou a → volto de → crase para quê?

Vou a → volto da → crase há.

Crase

Deve-se usar o acento grave (`)

Preposição "a" + pronomes demonstrativos "aquela"(s), "aquele"(s), "aquilo".

João é fiel àquela amiga.
"a" (preposição) + aquela = àquela

Dirijo-me àquele senhor de cabelos escuros.
"a" (preposição) + aquele = àquele

Não demos importância àquilo.
"a" (preposição) + aquilo = àquilo

Obedeça àquele regulamento.
"a" (preposição) + aquele = àquele

Antes da palavra "que" pode vir o pronome demonstrativo "a". Você reconhecerá facilmente se trocar seu antecedente por um elemento masculino ou plural.

Entregamos o livro à que estava sentada.
(Entregamos o livro ao que estava sentado.)

Entregamos o livro às que estavam sentadas.
(Entregamos o livro aos que estavam sentados.)

"É uma situação semelhante à que enfrentamos ontem".
(É um problema semelhante ao que enfrentamos ontem.)

Crase com os pronomes relativos "que", "qual" e "quais". O fenômeno da crase ocorrerá dependendo do termo antecedente (feminino) e do regente.

Esta é a menina à qual te referes.
(Este é o menino ao qual te referes.)
Refere-se "a" (V.T.I.)

Mas:

Esta é a menina a qual estima.
(sem o acento grave)
(Este é o menino o qual estima.)
Estimar (V.T.D.)

Crase

Outros casos em que a crase é necessária:
Nas locuções femininas (adverbiais, prepositivas e conjuntivas).

Uma tarde, muito à escondida.   À medida que estuda...
A cidade está às escuras.   Estou à procura de sossego.
Estamos à espera de ti.   Cheguei à noite.

Diante de horas:
Partirei às 18h30min.

Porém não aplicada em:
Estou aqui desde as quatro horas (período).
Chegamos a uma hora morta (hora não especificada).

Crase proibida

Diante de verbos:
A garota começou a falar rapidamente.

Com verbos transitivos diretos:
Entregou a encomenda ao Pedro.

Diante de numerais (exceto horas):
Ela chegará daqui a quatro horas.

Diante de palavras masculinas:
Refiro-me a Marcus.

Diante de pronomes em geral, inclusive os pronomes de tratamento, exceto: dona, senhora, senhorita e madame:
Diga isso a ela.

Mas: Refiro-me à d. Lusia Julião.

Somente recebe crase, caso se refira à própria casa:
Chegamos a casa rápido (casa indeterminada).

Diante de palavras repetidas:
Gota a gota, face a face, frente a frente.

Diante de nomes célebres:
Refiro-me a Joana D'Arc.

Diante da palavra terra quando indicar "terra firme":
Os marinheiros voltaram a terra para descansar.

Diante de palavras masculinas:
Andar a pé.

Pontuação

As muitas funções importantes da pontuação são tornar as frases mais compreensíveis, retirando ambiguidades e indicando a entonação.

Separamos os sinais de pontuação em dois grupos:

1. Aqueles que marcam pausas:

(,) vírgula

(;) ponto e vírgula

(.) ponto final

2. Aqueles que marcam a melodia:

(:) dois pontos

(?) ponto de interrogação

(!) ponto de exclamação

(...) reticências

(–) travessão

(" ") aspas

(   ) parênteses

Vírgula

Usamos a vírgula para separar termos independentes entre si, quer no período, quer na oração. Desde que a vírgula apenas indique o que já está separado, **não podemos empregar** entre os termos que mantêm entre si uma estreita ligação.

Não podemos empregar a vírgula entre sujeito e o verbo, entre o verbo e o seu complemento, entre o substantivo e o adjunto adnominal.

Exemplos:

O vilarejo mais próximo, fica a três quilômetros daqui. (ERRADO)

(a vírgula não pode ser colocada porque não se separa o sujeito do predicado)

Os ciganos, moram em tendas.
(não podemos separar o sujeito do verbo)

Usamos a vírgula em:

- **Vocativos:**

    Ex.: *"Crianças*, parem por alguns minutos de gritar".

- **Apostos:**

    Ex.: "Fernando Henrique Cardoso, *Presidente do Brasil*, é considerado um grande sociólogo".

- **Nas expressões explicativas e escusativas:**

    Ex.: "O amor, por exemplo, é um sacerdócio". (Machado de Assis)

    "Comprei um caderno, isto é, um bloco".

- **Para isolar SIM ou NÃO que iniciam resposta:**

    Ex.: "Sim, farei o trabalho".

    "Não, não irei ao baile".

- **Para indicar elipse (omissão de um termo):**

    Ex.: "Lauro foi ao bingo; Fernando(foi), à igreja".

    "Comi carne; ele(comeu), salada".

- **Para separar a expressão locativa nas datas:**

    Ex.: "São Paulo, 19 de janeiro de 2002".

- **Para separar conjunções adversativas (porém, todavia, contudo); bem como as conclusivas (logo, pois, portanto):**

    Ex.: "Devolvo-lhe o anel; porém, somente à noite".

    "Pedro entrou sem bater à porta; logo, agiu mal".

- **Para separar oração intercalada:**

    Ex.: "Hoje, penso eu, é impossível ir até lá".

- **Não se usa vírgula entre:**

    – o sujeito e predicado;

    – o verbo e seus complementos;

    – o nome e o complemento nominal;

    – o nome e o adjunto adnominal;

    – a oração principal e a subordinada, desde que esta não seja apositiva nem apareça na ordem inversa.

- **Casos especiais:**

    "Como norma geral, não empregamos vírgula antes da conjunção aditiva 'e'. Não obstante, à conjunção aditiva 'e' podem associar-se ideias de grandes importância estilística: adversidade, tempo, consequência, finalidade etc. Tais ideias conotativas serão realçadas pela vírgula antes do 'e'. A vírgula aí funciona como um aviso antecipado ao leitor que, fazendo pequena pausa, pode, pela inflexão da voz, interpretar aquelas ideias". (H. André)

Ponto e Vírgula

Usamos o ponto e vírgula quando há uma marcação intermediária menos forte que o ponto e mais forte que a vírgula. O ponto e vírgula é empregado nos seguintes casos:

- **Para separar orações de mesma natureza, longas ou curtas:**

    Ex.: "Não gostem, e abrandem-se; não gostem, e quebrem-se; não gostem, e frutifiquem". (Padre Vieira)

- **Para alongar a pausa antes de conjunções adversativas (contudo, entretanto, mas, porém, todavia), substituindo, assim, a vírgula:**

    Ex.: "Poderia fazê-la hoje; contudo só a farei amanhã. Não estou muito disposta hoje".

- **Para separar orações coordenadas que se opõem quanto ao sentido:**

    Ex.: "Uns gritavam; outros silenciavam". (Faraco & Moura)

- **Para separar orações coordenadas adversativas quando a conjunção aparecer no meio da oração:**

    Ex.: "Esperávamos obter muitos dados sobre o caso; obtivemos, porém, informações insignificantes e algumas apenas".

- **Para separar itens de uma enumeração:**

    Ex.: "Em nosso encontro sobre 'Até aonde podemos chegar com o programa de qualidade' serão discutidos alguns itens, como":

    – Apresentação do programa qualidade;

    – A empresa no mundo da qualidade;

- Como nasceu o nosso programa de qualidade;
- As ideias que orientam o programa qualidade;
- Projetos de capacitação de gestão e melhoria.

Ponto Final

Usa-se para:

- **Indicar fim de um período:**
    Ex.: Laura saiu pela manhã.

- **Depois de abreviaturas:**
    Ex.: D. (dona), d.C. (depois de Cristo), Cel. (coronel), Sr. (senhor).

Dois Pontos

Usa-se para:

- **Para uma citação ou afirmação textual:**
    Ex.: A escritura diz: "Honrarás teu pai e tua mãe".

- **Emprega-se para enunciar a fala dos personagens:**
    Ex.: E ela disse:
    – Nunca mais fale isso.

- **Para indicar um resumo, um esclarecimento:**
    Ex.: Concluindo: a mãe chegou surpresa, de mansinho.

- **Enumeração:**
    Ex.: O presidente resolverá os problemas mais críticos: saúde, educação, agricultura.

- **Esclarecimento:**
    Ex.: "Metade dos acidentes à noite se deve à grande assassina das estradas brasileiras: a ultrapassagem". (Franco & Moura)

Interrogação

- **Usamos para as interrogações diretas:**
  Ex.: Quem é que saiu?

- **Indicar dúvidas
  (acompanhado de reticências):**
  Ex.: Será que ele sarará?...

- **Indicar surpresa
  (acompanhado de ponto de exclamação):**
  Ex.: Ela conseguiu acreditar naquilo?!

Exclamação

- **Interjeições e frases exclamativas:**
  Ex.: Psiu! Nós somos os párias da sociedade!

Reticências

- **Para indicar continuidade de uma ação ou fala:**
  Ex.: A moça foi falando...

- **Para realçar uma palavra ou expressões:**
  Ex.: Não existe motivo para tanta... confusão.

- **Indicar interrupção da fala do narrador ou da personagem:**
  Ex.: "Mas eu... tentei informar. Ela não me deixou concluir a frase". (C. D. Andrade)

Observação:

As reticências são um dos recursos de que os autores dispõem para que o seu leitor pressuponha qualquer situação.

Aspas

Usam-se para:

- **Isolar citações, legenda, nomes de obras:**
  Ex.: "Triste Fim de Policarpo Quaresma" é uma obra clássica.
  Machado de Assis escreveu "Memorial de Aires".

- **Indicar ironia:**
  Ex.: Sua "bondade" é muito aparente.

- **Indicar gírias, expressões estrangeiras, arcaísmo:**
  Ex.: O "boy" é demais!

Travessão

Usamos no discurso direto para indicar a fala da personagem ou mudança de interlocutor nos diálogos:

– Você, por acaso, sabe onde fica o banheiro?

– Fica no térreo – respondeu-lhe a colega gentilmente.

- **Para pôr em evidência palavras, expressões e frases:**
  Ex.: Vimos um homem – um mendigo, talvez – deitado na rua.
  Ele decidiu-se que as joias – que não estavam separadas – não voltariam a sua casa.

- **Para substituir parênteses, dois pontos e vírgula:**
  Ex.: Era uma santa – talvez Maria – que nos olhava.

Sintaxe de Regência

Regência Verbal e Nominal

Definição:

Sintaxe de regência cuida especialmente das relações de dependência em que se encontram os termos na oração ou as orações entre si no período composto. Os termos, quando exigem a presença de outro, chamam-se **regentes** ou **subordinantes**; os que completam a significação dos anteriores chamam–se **regidos** ou **subordinados**. Quando o termo regente é um nome (substantivo, adjetivo ou advérbio), ocorre a regência nominal.

Veja:

Temos confiança em Deus.

Regente → Substantivo

Regido → Preposição / Substantivo

(Complemento nominal)

Agora note:

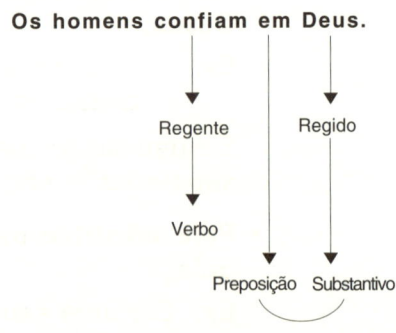

Os homens confiam em Deus.

Regente → Verbo

Regido → Preposição / Substantivo

(Complemento verbal – Objeto indireto)

Capítulo 8: Tópicos Gramaticais Importantes

Cientistas pesquisaram o cérebro humano.

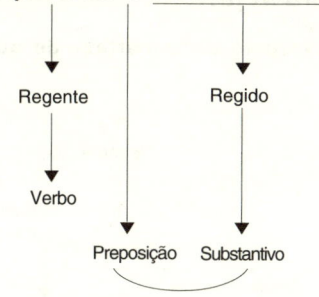

- Regente → Verbo
- Regente → Preposição
- Regido → Substantivo

(Complemento verbal – Objeto direto)

Quando um termo **regente** é um **verbo** ocorre a **regência verbal**.

Voltemos:

O trabalho é útil a todos.

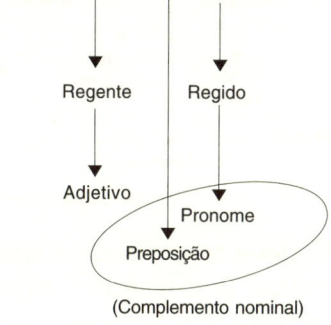

- Regente → Adjetivo
- Regido → Pronome
- Preposição

(Complemento nominal)

Agi contrariamente às suas ideias.

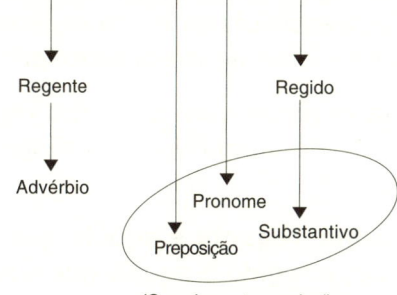

- Regente → Advérbio
- Regido → Pronome
- Preposição, Substantivo

(Complemento nominal)

133

Agora veja:

O advogado tinha certeza de que venceria no tribunal.

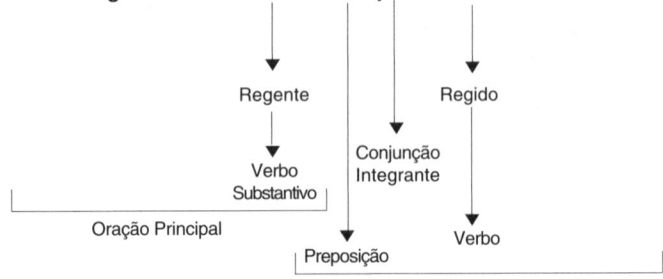

```
                 Regente              Regido
                   ↓                    ↓
                 Verbo             Conjunção
               Substantivo         Integrante
        |_____|
         Oração Principal             ↓
                                    Verbo
                           |Preposição|
                           |_____|
                           Oração Subordinada Completiva Nominal
```

As vezes tinha tinha vontade de que fôssemos crianças de novo.

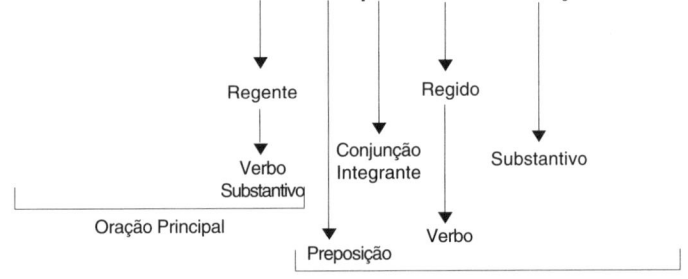

```
                 Regente              Regido
                   ↓                    ↓
                 Verbo             Conjunção      Substantivo
               Substantivo         Integrante
        |_____|
         Oração Principal             ↓
                                    Verbo
                           |Preposição|
                           |_____|
                           Oração Subordinada Completiva Nominal
```

Como você deve ter notado, quando o termo **regente** é um nome (*substantivo*, *adjetivo* ou *advérbio*), ocorre a **regência nominal**, tanto no período simples quanto no composto por subordinação.

Nota: *Na regência verbal*, o termo regido *pode ser* ou *não preposicionado*: na regência nominal, ele é obrigatoriamente preposicionado.

A palavra regência vem do verbo **reger** (reger = -ência), e este do latim *Regere* = dirigir, guiar, conduzir, governar.

Dessa forma, **regente** é aquele que *dirige, conduz, governa*, e **regido** é aquele que é *dirigido, conduzido, governado*.

Fique atento a isto:

O termo que completa o sentido de um verbo é chamado **objeto**. O objeto *(termo regido)* pode estar ligado *(ao termo regente)* por meio da preposição ou não. Se completar o verbo sem preposição obrigatória, recebe o nome de *objeto direto*, e pode ocorrer em período simples ou composto por subordinação.

Veja o exemplo:

Um novo tipo de poluição chama a atenção.
                                    ↑
                             Objeto Direto

VTD
Verbo Transitivo Direto
(quem chama, chama alguém, chama quem? A atenção.

Objeto direto – responde a pergunta feita pelo verbo chamar)

Notou no exemplo que este verbo CHAMAR não pede a preposição para ter significação no seu complemento? Temos aqui um período simples, (oração que apresenta apenas um verbo ou locução verbal).

No caso de dúvida(s) se o "a" é *preposição* ou *artigo*, tente substituí-lo pela preposição *para*. Se não der é porque não é preposição. Caso permaneça em dúvida consulte em nosso site a aula sobre *Crase*.

Outra dica para saber também se o complemento verbal é objeto direto ou indireto é só você fazer a pergunta depois do verbo, por exemplo, *chama quem*? Resposta: *A atenção*.

Troque o complemento "a resposta" pelo pronome *isto*, assim: chama quem? Resposta: *isto*. O pronome "isto" pediu preposição? Não, então o complemento do verbo é **objeto direto**.

Se o termo completar o sentido do verbo por meio da preposição obrigatória, então, o complemento verbal é **objeto indireto**. Veja o exemplo:

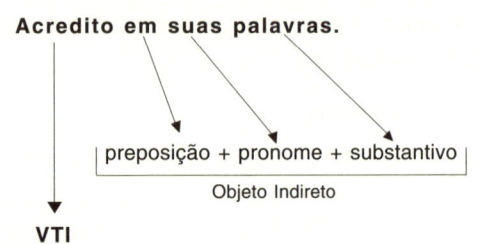

Acredito em suas palavras.

preposição + pronome + substantivo
Objeto Indireto

VTI
Verbo Transitivo Indireto
(Quem acredita, acredita em algo, em alguma coisa.
Acredita em quê? Quem? Em seu complemento.
Objeto Indireto – responde a pergunta feita pelo verbo acreditar).

Notou que o verbo *pede a preposição* para que o complemento *verbal tenha sentido*?

Agora troque o complemento verbal pelo pronome NISTO. Acredita em quê? Resposta: *Nisto* (contração da preposição "em" + o pronome "isto" = *nisto*). Fácil, não é?

No período composto por subordinação o processo é o mesmo.

Veja o exemplo:

O público <u>exigia</u> que os ingressos fossem devolvidos.
(Oração Subordinada Substantiva Objetiva Direta)

Que é que o público exigia? Resposta: que os ingressos fossem devolvidos.

Trocando a oração subordinada pelo pronome ISTO, temos como resposta: O público **exigia** *isto*.

Notou que o verbo EXIGIR não pediu a preposição? É por isto que a oração exemplificada é classificada como **oração subordinada substantiva objetiva direta**.

Note agora:

Meus pais insistiam **em** **que eu voltasse a estudar**.

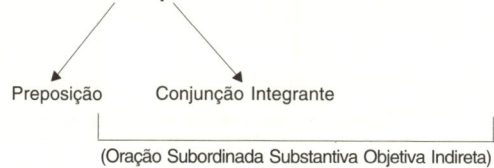

     Preposição Conjunção Integrante

(Oração Subordinada Substantiva Objetiva Indireta)

Substituindo a oração subordinada pelo pronome NISTO, temos: **Meus pais insistiam nisto**.

NISTO é a contração da preposição **em** + o pronome **isto**. Espero que você tenha entendido e gostado da explicação!

Para lembrar, veja o quadro abaixo:

VTD	verbo transitivo direto (não exige preposição)
OD	objeto direto (completa o sentido de um verbo transitivo direto)
VTI	verbo transitivo indireto (exige a preposição)
OI	objeto indireto (completa o sentido de um verbo transitivo indireto)
VTDI	verbo transitivo direto e indireto
CN	complemento nominal (completa o sentido de um substantivo, adjetivo ou advérbio)
VV	vozes verbais
VA	voz ativa: sujeito agente
VPA	voz passiva analítica (verbo ser + particípio)
VPS	voz passiva sintética (com o pronome "se")
VPR	voz passiva reflexiva (sujeito agente e paciente)

Termos Integrantes da Oração

Regência de Alguns Verbos

Aspirar

- No sentido de "almejar", "pretender", *pede complemento com a preposição "a"* (objeto indireto):

> Todos aspiram a um mundo sem guerra.
>   ↓   ↓
>   vti   oi

> Vanderley aspira ao cargo de técnico da seleção.
>   ↓   ↓
>   vti   oi

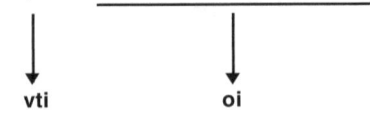

- No sentido de "cheirar", "sorver", "inalar", pede complemento *sem preposição* (objeto direto):

> Nas metrópoles, as pessoas aspiram ar poluído.
>   ↓   ↓
>   vtd   od

> Gostava de aspirar o perfume das flores.
>   ↓   ↓
>   vtd   od

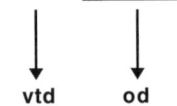

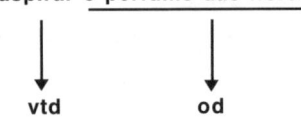

Assistir

- No sentido de "prestar assistência", "dar ajuda", é normalmente empregado com complemento *sem preposição* (objeto direto):

> O governo pretende assistir os desabrigados pela enchente.
>   ↓   ↓
>   vtd   od

Uma equipe médica assiste os pacientes.
                         └─vtd─┘ └──od──┘

- No sentido de "ver", "presenciar como espectador", *pede complemento com a preposição "a"* (objeto indireto):

Não consegui assistir ao filme que você me recomendou.
              └─vti─┘ └──────────oi──────────┘

Assistimos a um debate acalorado entre os dois candidatos.
└─vti─┘   └──────────────oi──────────────────┘

- No sentido de "caber", "pertencer" *pede complemento com a preposição "a"* (objeto indireto):

Votar é um direito que assiste a todo cidadão.
                       └─vti─┘ └────oi────┘

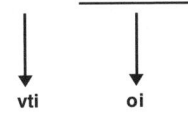

Assiste ao consumidor o direito de devolver mercadoria com defeito.
└vti┘ └────oi─────┘

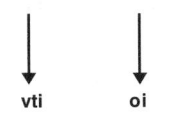

Chamar

- No sentido de "convocar", "mandar vir", exige complemento *sem preposição* (objeto direto):

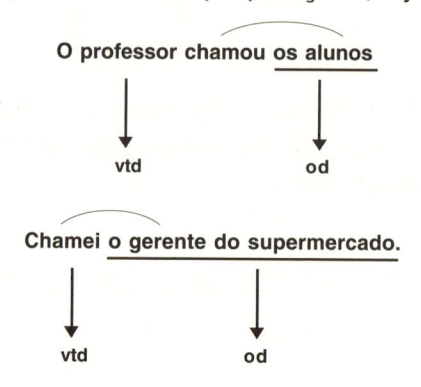

O professor chamou os alunos
    ↓   ↓
  vtd   od

Chamei o gerente do supermercado.
  ↓   ↓
vtd   od

- No sentido de "cognominar", "dar nome", pode ser tanto transitivo direto como indireto (com o objeto indireto regido pela preposição **"a"** seguido de predicativo do objeto introduzido ou não pela preposição **"de"**. Há, portanto, quatro construções possíveis:

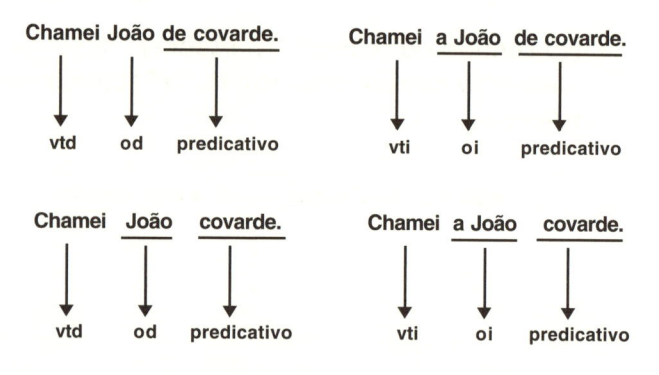

Chamei João de covarde.	Chamei a João de covarde.
vtd — od — predicativo	vti — oi — predicativo

Chamei João covarde.	Chamei a João covarde.
vtd — od — predicativo	vti — oi — predicativo

Caso o complemento (objeto direto ou indireto) esteja representado por um pronome oblíquo átono, teremos as seguintes construções:

Chamei-**o de** covarde.

Chamei-**lhe de** covarde.

Chamei-**o** covarde.

Chamei-**lhe** covarde.

Esquecer, Lembrar

- Quando não forem acompanhados de pronome oblíquo átono, pedem complemento *sem preposição* (objeto direto).

Esqueci o guarda-chuva.
↓   ↓
vtd   od

João lembrou o dia do aniversário.
↓   ↓
vtd   od

- Quando forem acompanhados de pronome oblíquo átono, *pedem complemento com preposição "de"* (objeto indireto):

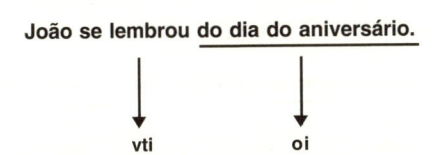

Esqueci-me do guarda-chuva.
↓   ↓
vti   oi

João se lembrou do dia do aniversário.
↓   ↓
vti   oi

Custar

- Empregado no sentido de "ser custoso", "ser difícil", pede complemento introduzido pela preposição **"a"** (objeto indireto) e tem seu sujeito representado por uma oração com verbo no infinitivo:

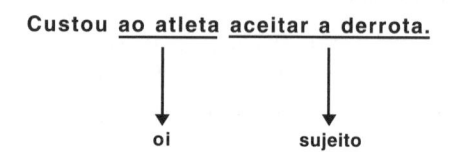

Custou <u>ao atleta</u> <u>aceitar a derrota</u>.
     oi   sujeito

Custou <u>a mim</u> <u>acreditar nessa notícia</u>.
      oi   sujeito

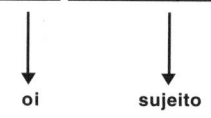

Implicar

- No sentido de "trazer como consequência", "acarretar", exige complemento *sem preposição* (objeto direto):

Atitudes desse tipo <u>implicam</u> <u>punições</u>.
                    vtd   od

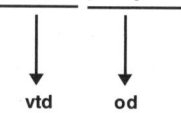

Atrasos no pagamento em geral <u>implicam</u> <u>multa</u>.
                              vtd   od

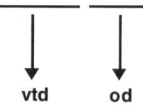

- No sentido de "mostrar-se impaciente", "demonstrar antipatia", *exige complemento com a preposição "com"* (objeto indireto):

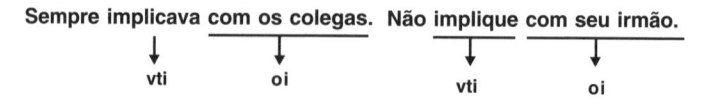

Sempre <u>implicava</u> <u>com os colegas</u>. Não <u>implique</u> <u>com seu irmão</u>.
       vti   oi   vti   oi

Informar

Normalmente é usado com dois complementos: um sem preposição (objeto direto) e outro com preposição (objeto indireto). Admite duas construções: informar alguma coisa **a** alguém ou informar alguém **de** (ou **sobre**) alguma coisa.

A companhia informou o atraso dos vôos aos passageiros.
                 vtdi   od   oi

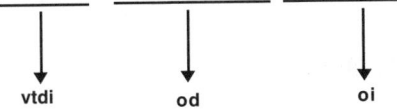

A companhia informou os passageiros do (ou sobre o) atraso dos vôos.
                 vtdi   od   oi

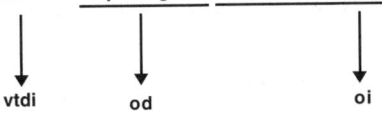

Esta regra a respeito do verbo INFORMAR aplicar-se também aos verbos *avisar, certificar, cientificar, notificar* e *prevenir*.

Obedecer

Na linguagem culta deve ser empregado como transitivo indireto, com o complemento introduzido pela preposição **"a"**:

Eles obedeciam a uma determinação do diretor.
                 vti   oi

Sempre obedeceu aos sinais de trânsito.
                 vti   oi

Namorar

Quando usado com complemento, é transitivo direto; portanto o complemento **não** deve vir introduzido por preposição:

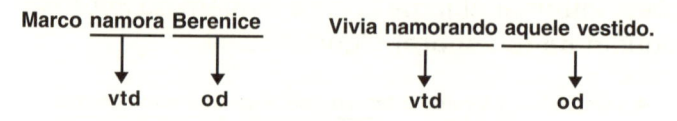

Marco namora Berenice.
vtd — od

Vivia namorando aquele vestido.
vtd — od

Pagar/Perdoar

Se o complemento denota coisa, deve ir sem preposição (objeto direto); mas se o complemento denota pessoa, deve vir regido pela preposição **"a"** (objeto indireto).

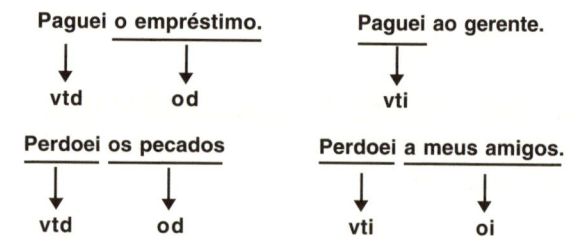

Paguei o empréstimo.
vtd — od

Paguei ao gerente.
vti

Perdoei os pecados
vtd — od

Perdoei a meus amigos.
vti — oi

Preferir

Na linguagem culta, o verbo preferir deve ser empregado com dois complementos: um **sem** preposição (objeto direto) e outro **com** a preposição **"a"** (objeto indireto).

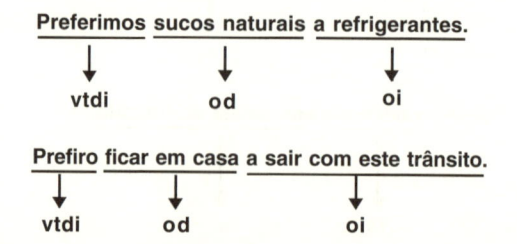

Preferimos sucos naturais a refrigerantes.
vtdi — od — oi

Prefiro ficar em casa a sair com este trânsito.
vtdi — od — oi

Proceder

- No sentido de "ter fundamento", "mostrar-se verdadeiro", é empregado **sem** complemento (verbo intransitivo):

Sua observação procede. O pedido foi negado porque não procedia.
↓ vi   ↓ vi

- No sentido de "originar-se", "provir", é transitivo indireto *com complemento* regido pela preposição *"de"*:

Muitos acidentes procedem da desatenção do motorista.
↓ vti   ↓ oi

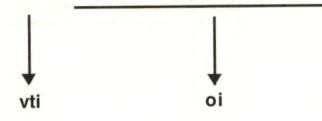

- No sentido de "levar a efeito", "executar", "realizar", é transitivo indireto *com complemento* regido pela preposição *"a"*:

O Ministério Público procederá a uma investigação.
↓ vti   ↓ oi

Querer

- No sentido de "desejar", "ter vontade de", pede complemento **sem** preposição (objeto direto):

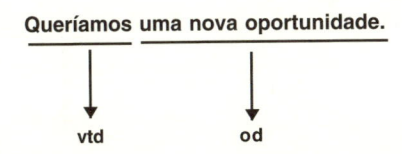

Queríamos uma nova oportunidade.
↓ vtd   ↓ od

- No sentido de "estimar", "ter afeto", é transitivo indireto **com complemento** regido pela preposição **"a"**:

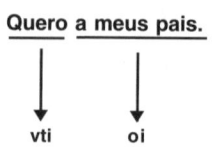

    Quero a meus pais.
     vti   oi

Simpatizar

Pede complemento com a preposição **"com"** (objeto indireto).

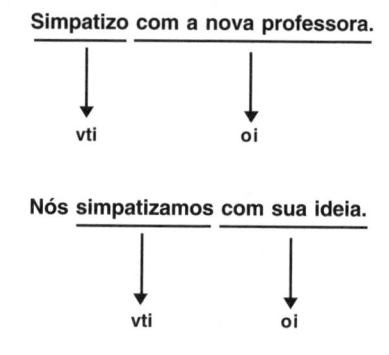

    Simpatizo com a nova professora.
       vti   oi

    Nós simpatizamos com sua ideia.
          vti   oi

Visar

- No sentido de "mirar" e de "dar visto", pede complemento **sem** preposição (objeto direto):

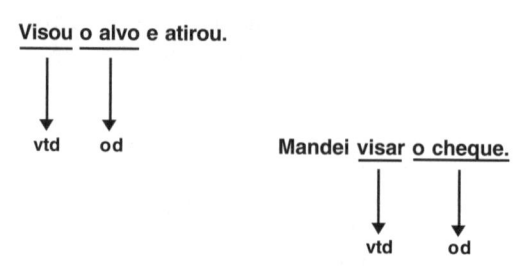

    Visou o alvo e atirou.
     vtd   od

    Mandei visar o cheque.
            vtd   od

Capítulo 8: Tópicos Gramaticais Importantes

- No sentido de "ter vista", "objetivar", é transitivo indireto **com** complemento regido pela preposição **"a"**:

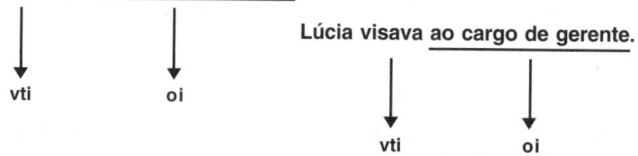

Visamos a uma sociedade justa.
vti oi

Lúcia visava ao cargo de gerente.
vti oi

PARA NÃO ESQUECER

Os pronomes **o, a, os, as** deve ser empregados como complemento de verbos transitivos diretos e os pronomes **lhe, lhes** como complementos de verbos transitivos indiretos:

Quer **uma mesa nova**.
—> Quero-**a**.
Quero **a meus pais**.
—> Quero-**lhes**.

Paguei **o empréstimo**.
—> Paguei-**o**.
Paguei **ao gerente**.
—> Paguei-**lhe**.

Convidei **meus pais**.
—> Convidei-**os**.
Obedeço **a meu pai**.
—> Obedeço-**lhe**.

Regência Nominal

Regência Nominal é o nome da relação existente entre um nome (substantivo, adjetivo ou advérbio) e os termos regidos por esse nome. Essa relação é sempre intermediada por uma preposição. No estudo da regência nominal, é preciso levar em conta que vários nomes apresentam exatamente o mesmo regime dos verbos de que derivam. Conhecer o regime de um verbo significa, nesses casos, conhecer o regime dos nomes cognatos. Observe o exemplo:

Verbo **obedecer** e os nomes correspondentes: todos regem complementos introduzidos pela preposição **"a"**. **Veja:**

Obedecer **a** algo/ **a** alguém

Obediente **a** algo/ **a** alguém.

Apresentamos a seguir vários nomes acompanhados da preposição ou preposições que os regem. Observe-os atentamente e procure, sempre que possível, associar esses nomes entre si ou a algum verbo cuja regência você conhece.

Substantivos		
Admiração a, por	Devoção a, para, com, por	Medo a, de
Aversão a, para, por	Doutor em	Obediência a
Atentado a, contra	Dúvida acerca de, em, sobre	Ojeriza a, por
Bacharel em	Horror a	Proeminência sobre
Capacidade de, para	Impaciência com	Respeito a, com, para com, por

Capítulo 8: Tópicos Gramaticais Importantes

Adjetivos

Acessível a	Diferente de	Necessário a
Acostumado a, com	Entendido em	Nocivo a
Afável com, para com	Equivalente a	Paralelo a
Agradável a	Escasso de	Parco em, de
Alheio a, de	Essencial a, para	Passível de
Análogo a	Fácil de	Preferível a
Ansioso de, para, por	Fanático por	Prejudicial a
Apto a, para	Favorável a	Prestes a
Ávido de	Generoso com	Propício a
Benéfico a	Grato a, por	Próximo a
Capaz de, para	Hábil em	Relacionado com
Compatível com	Habituado a	Relativo a
Contemporâneo a, de	Idêntico a	Satisfeito com, de, em, por
Contíguo a	Impróprio para	Semelhante a
Contrário a	Indeciso em	Sensível a
Curioso de, por	Insensível a	Sito em
Descontente com	Liberal com	Suspeito de
Desejoso de	Natural de	Vazio de

Advérbios

Longe de
Perto de

Obs.: Os advérbios terminados em *-mente* tendem a seguir o regime dos adjetivos de que são formados: paralela a; paralelamente a; relativa a; relativamente a.

Bibliografia

Bibliografia

ALMEIDA, N. M. *Dicionário de questões vernáculas*. São Paulo: Caminho Suave, 1981.

CEGALLA, D. P. *Novíssima gramática da língua portuguesa*. São Paulo: Companhia Editora Nacional, 1985.

_____. *Dicionário de dificuldades da língua portuguesa*. Rio de Janeiro: Nova Fronteira, 1996.

FERREIRA, A. B. H. *Novo dicionário da língua portuguesa*. Rio de Janeiro: Nova Fronteira, 1999.

FERREIRA, Mauro. *Aprender e praticar gramática: teoria, sínteses das unidades, atividades práticas, exercícios de vestibulares*: 2º grau. São Paulo: FTD, 1995.

GRION, Laurinda. *Cem erros que um executivo comete ao redigir* (Mas não poderia cometer). São Paulo: D. F. C. Consultoria e Treinamento, 1997.

HOUAISS, Antônio. *A nova ortografia da língua portuguesa*. São Paulo: Editora Ática, 1991.

HOUAISS, A.; VILAR, M. S. *Dicionário Houaiss da língua portuguesa*. Rio de Janeiro: Objetiva, 2001.

MARAN, Ruth. *Aprenda a usar o computador e a Internet através de imagens*. Trad. de SPZ Traduções. Rio de Janeiro: Reader's Digest, Brasil, 1999.

MARTINS, E. *Manual de redação e estilo*. São Paulo: Moderna, 1997.

MOURA, Faraco. *Literatura e gramática*. Volume 1, cap. II. São Paulo: Editora Ática, 1995, p. 45.

MEDEIROS, João Bosco. *Correspondência: técnicas de comunicação criativa*. 12ª ed. São Paulo: Atlas, 1997.

SEVERINO, Antônio Joaquim. *Metodologia do trabalho científico*. 21ª ed. rev. e ampl. São Paulo: Cortez, 2000.

SACCONI, L. Antonio. *Não erre mais!* São Paulo: Ática, 1989.

SQUARISI, D. *Mais dicas da Dad: português com humor*. São Paulo: Contexto, 2003.

TUFANO, Douglas. *Guia prático da nova ortografia – Saiba o que mudou na ortografia brasileira*. 1ª ed. – agosto 2008. São Paulo: Melhoramentos, 2008.

Entre em sintonia com o mundo
QualityPhone:

0800-0263311

Ligação gratuita

Qualitymark Editora
Rua Teixeira Júnior, 441 – São Cristóvão
20921-405 – Rio de Janeiro – RJ
Tels.: (21) 3094-8400 ou 3295-9800
Fax: (21) 3295-9824

www.qualitymark.com.br
e-mail: quality@qualitymark.com.br

DADOS TÉCNICOS

FORMATO:	16 x 23
MANCHA:	12,2 x 19
CORPO:	11
ENTRELINHA:	13,2
FONTE TEXTO:	ZurichBdXCn BT
FONTE TÍTULO:	Zurich BT
TOTAL DE PÁGINAS:	168
2ª EDIÇÃO:	2010
GRÁFICA:	Rotaplan